［美］马克·穆恩（Mark A. Moon） 著

高雪洁 译

# 供应链与需求管理

## 精准预测需求与高效匹配供需

人民邮电出版社

北京

图书在版编目（CIP）数据

供应链与需求管理：精准预测需求与高效匹配供需 / (美) 马克·穆恩 (Mark A. Moon) 著；高雪洁译. -- 北京：人民邮电出版社，2020.9（2022.5重印）
ISBN 978-7-115-54146-8

Ⅰ. ①供… Ⅱ. ①马… ②高… Ⅲ. ①供应链管理 Ⅳ. ①F252.1

中国版本图书馆CIP数据核字(2020)第095536号

## 版权声明

Authorized translation from the English language edition, entitled DEMAND AND SUPPLY INTEGRATION: THE KEY TO WORLD CLASS DEMAND FORECASTING, 1st Edition by MOON, MARK A., published by Pearson Education, Inc, Copyright © 2013 Mark A. Moon.

All rights reserved. No part of this book may be reproduced or transmitted in any form or by any means, electronic or mechanical, including photocopying, recording or by any information storage retrieval system, without permission from Pearson Education, Inc. CHINESE SIMPLIFIED language edition published by POSTS AND TELECOM PRESS CO., LTD., Copyright ©2020.

本书中文简体字版由Pearson Education （培生教育出版集团）授权人民邮电出版社有限公司在中华人民共和国境内（不包括香港、澳门特别行政区及台湾地区）独家出版发行。未经出版者许可，不得以任何方式抄袭、复制或节录本书中的任何部分。

本书封底贴有Pearson Education（培生教育出版集团）激光防伪标签。无标签者不得销售。

## 内 容 提 要

需求预测结果直接影响着企业的生产计划、库存水平和客户满意度，然而，由于预测本身具有的不确定性，使得预测方法的选择变得尤为重要。

本书剖析了如何通过创建更加准确和有用的需求预测模型来提升预测的准确性，概述了成功实施供需匹配的关键特征，展示了如何将需求预测作为管理过程进行处理，并指导读者理解、选择和应用最佳的定性和定量预测技术。通过本书，读者将学习如何在预测中全面分析市场信息、衡量预测性能、应用需求预测系统、管理需求评估结果等。

本书集系统性、理论性、可操作性于一体，为读者提供全景化视角、洞见和解决方案，适合于供应链管理、物流管理和运营管理等从业人员阅读与使用。

◆ 著　　［美］马克·穆恩（Mark A. Moon）
　　译　　高雪洁
　　责任编辑　马　霞
　　责任印制　周昇亮
◆ 人民邮电出版社出版发行　北京市丰台区成寿寺路 11 号
　　邮编　100164　电子邮件　315@ptpress.com.cn
　　网址　https://www.ptpress.com.cn
　　涿州市京南印刷厂印刷
◆ 开本：700×1000　1/16
　　印张：15.5　　　　　　　2020 年 9 月第 1 版
　　字数：177 千字　　　　　2022 年 5 月河北第 5 次印刷

著作权合同登记号　图字：01-2019-7548 号

定价：79.80 元
读者服务热线：(010)81055296　印装质量热线：(010)81055316
反盗版热线：(010)81055315
广告经营许可证：京东市监广登字 20170147 号

致汤姆·门泽尔（Tom Mentzer），没有你我不会开始创作这本书。

致我的儿子们，科林（Colin）和大卫（David），你们让我倍感骄傲。

致卡罗尔（Carol），你给我带来无尽的幸福与快乐。

# 关于作者

马克·穆恩博士是田纳西大学市场营销专业的副教授以及市场营销与供应链管理系的主任。在 1993 年加入田纳西大学任教之前，穆恩博士曾于安娜堡市的密歇根大学就读，并在那里获得工商管理学士以及硕士学位，之后在北卡罗来纳大学教堂山分校获得博士学位。在穆恩博士的职业生涯中，他曾在美国国际商业机器公司（IBM）和施乐公司（Xerox）中就职于市场营销部。另外，他还为本科、工商管理硕士、高级工商管理硕士以及博士等不同阶段的学生提供教学工作，为田纳西高等教育中心的诸多管理项目提供预测和市场营销策略方面的课程。穆恩博士的研究项目主要关注的方面包括需求管理、销量预测、买卖关系以及供需关系集成（或者说销售与运营策划）。他的文章曾在 *Journal of the Academy of Marketing Science*、*International Journal of Forecasting*、*Supply Chain Management Review*、*Foresight*、*Journal of Personal Selling and Sales Management*、*Journal of Business Forecasting*、*Journal of Marketing Education*、*Marketing Education Review*、*Business Horizons*、*Industrial Marketing Management*、*Journal of Marketing Theory and Practice* 以及其他会议期刊上进行刊载。同时，穆恩博士还是汤姆·门泽尔博士所著 *Sales Forecasting Management:A Demand Management Approach* 一书的联名作者。

穆恩博士曾为多家公司做过销量预测重建项目的咨询，其中包括安泰电影（AET Films）、联信（AlliedSignal）、安利（Amway）、艾利丹尼森（Avery Dennison）、百加得（Bacardi USA）、康尼格拉（Conagra）、大陆轮胎（Continental Tire）、固铂轮胎（Cooper Tire）、康宁（Corning）、迪尔（Deere and Company）、杜邦（DuPont）、伊士曼化学公司（Eastman Chemical）、爱惜康（Ethicon）、埃克森美孚（Exxon）、好时（Hershey Foods）、朗讯（Lucent Technologies）、迈拓（Maxtor）、米其林（Michelin）、摩托罗拉（Motorola PCS）、麦克斯办公用品（OfficeMax）、欧比特园艺用品（Orbit Irrigation Products）、皮尔利斯水泵（Peerless Pumps）、芳维（Pharmavite）、飞利浦消费电子公司（Philips Consumer Electronics）、莎莉内衣品牌（Sara Lee Intimate Apparel）、施乐辉（Smith & Nephew）、联合太平洋铁路（Union Pacific Railroad）、惠尔普（Whirlpool），以及迪凯斯（Williamson-Dickie）。同时，他还为诸多公司提供过供应链策略方面的咨询，其中包括洛克希德·马丁（Lockheed-Martin）、日产北美公司（Nissan North America）、强生（Johnson & Johnson）、无线系统公司（Radio Systems Corporation）、康明斯滤清系统（Commins Filtration）、泰科（Tyco），以及温迪克斯百货（Winn-Dixie）。除此之外，穆恩博士还为一部分公司提供管理层内部培训，课程内容包括营销策略、销售预测、需求规划以及销售和运营策划，这部分公司包括霍尼韦尔（Honey well）、可口可乐（Coca-Cola）、康宁、巴斯夫（BASF）、明尼苏达矿物及制造业有限公司（3M）、联合太平洋铁路、埃德服装品牌（EdAmerica）、雀巢（Nestle）、欧比特园艺用品（Orbit Irrigation

Products)、索尼(Sony)、美国标准公司(American Standard),以及集保公司(CHEP)。

穆恩博士生长于美国密歇根州的安阿伯市,育有两子:科林和大卫。工作之余,穆恩博士很喜欢跟妻子卡罗尔一起旅行,跟两个儿子打高尔夫球,尽管他现在已经打不过他们了。

# 推荐序一

## 从认识与操作两个层面去创新供应链

什么是供应链？根据2012年《物流术语》国家标准，"供应链是生产与流通过程中，为了将产品与服务交付给最终用户，由上游与下游企业共同建立的网链状组织"；在2017年国务院办公厅颁布的《关于积极推进供应链创新与应用的指导意见》中，"供应链是以客户需求为导向，以提高质量和效率为目标，以整合资源为手段，实现产品设计、采购、生产、销售、服务等全过程高效协同的组织形态"。这两种定义是一致的，从网链状组织到组织形态、商业模式和治理结构，定义有了提升。国外研究者对供应链的定义更多，但大同小异。

中国供应链的发展，我认为要从认识与操作两个层面去促进。毛主席在《实践论》中有一个精辟论断："感觉只解决现象问题，理论才解决本质问题。""理论若不和革命实践联系起来，就会变成无对象的理论，同样，实践若不以革命理论为指导，就会变成盲目的实践。"理论来于实践，又反作用于实践。不解决供应链的认识问题、理论问题，就会变成盲目的供应链实践。

对供应链的认识我认为主要是三个方面：一是供应链的本质是什么；二是供应链与物流是什么关系；三是供应链对推进国民经济发展以及经

济全球化起什么作用。

帕拉格·康纳（Parag Khanna）在《超级版图》一书中有句名言："供应链大战的目的不在于征服，而是要与世界上最重要的原材料、高科技和新兴市场建立起物理和经济上的联系。21世纪，谁统治了供应链，谁就统治了世界。"2012年，美国政府签发了《美国全球供应链国家安全战略》，把供应链上升为国家战略。2020年，新冠肺炎疫情在全球蔓延，对世界经济发展造成巨大冲击，习总书记说："确保全球供应链开放、稳定、安全。"这些充分体现了供应链的地位与作用，这种体现企业、产业、城市、区域与国家竞争力的软实力无可替代。

如果说2005年美国物流管理协会（Council of Logistics Management, CLM）更名为供应链管理专业协会（Council of Supply Chain Management Professionals, CSCMP），标志着全球进入供应链管理时代，那么2017年国务院办公厅颁布的《关于积极推进供应链创新与应用的指导意见》，标志着中国进入了现代供应链新阶段。

2018年，《财富》（*Fortune*）杂志公布的世界500强企业中，前25位有5家中国企业，前100位有22家中国企业，但由高德纳（Gartner）公司每年公布的全球供应链25强企业中，中国没有一家，在100强排名中，中国企业只有3家，即联想（第26位）、华为（第35位）、海尔（第41位）。在供应链管理领域，中国还有很大进步空间，我们刚刚起步，必须奋起直追。

追赶需要落实，需要创新，实践就要提上议事日程。从国家层面，266家供应链试点企业、55座试点城市以及多个产业部门进行了积极探索，取得了阶段性成果。从市场层面，许多企业从实际出发，推进供应链的应用与创新，总结了不少典型模型。但从总体上讲，一些企业没有"上道",过于浮躁,缺乏总体设想,片面地追求不切实际的目标。

供应链管理的理想模式是生产企业和物流企业形成长期、稳定的供应链伙伴关系,企业将物流作为生产能力的一部分。从原材料采购、生产制造、成本控制、交付到维修回收,企业采用一体化的供应链管理流程。标准的流程才可能降低总体供应链管理成本,提高投资回报率。目前国际上主流的供应链管理流程有 SCOR 模型、CSCMP 流程标准与全球供应链论坛提供的供应链流程。

CSCMP 作为全世界公认的物流和供应链领域内权威的专业协会之一,提出了《供应链管理流程标准》第 1 版和第 2 版,将供应链流程划分为计划、采购、制造、交付和回收 5 个基本结构。在 5 个基本结构的基础上,增加了一个执行的流程,总共 6 个部分。每个主要流程都包括了很多次级流程。

由人民邮电出版社出版的供应链系列图书,充分体现了这个标准流程的 6 个部分。这套丛书是国际供应链专家的经验之作,代表了当代供应链理论与实操的较高水平,对提升中国企业供应链管理水平将起到很好的作用。我们要特别感谢 CSCMP 中国圆桌会协助引进这套教材,要感谢所有参与翻译、审校的各位专家,他们付出了大量的心血。

中国经济正处于转型发展阶段,而企业是国民经济的"细胞",没有企业的转型发展,特别是制造业的转型发展,就没有国家的转型发展。打造一个开放、稳定、高效、绿色、安全的弹性供应链,关系到国家的安全。

丁俊发

中国知名流通经济学家、资深物流与供应链专家

享受国务院特殊津贴

# 推荐序二

## 时代变革与供应链管理者的使命

从电商到新零售,从贸易摩擦到抗击新冠疫情,供应链管理正在走向舞台的中央——供应链管理者角色与使命从来没有像今天这么重要。当供应链管理上升为国家战略,当供应链管理成为新的职业,供应链管理者的时代已经来临。

如何成为好的供应链管理者?如何找到最佳知识源泉?哪一种知识体系最权威?你选择的路径决定你的出路——你不能走错路重来,否则那时候你会发现已经远远地落在了别人后面。CSCMP 参与组织引进的这套书,为你指引了方向。

过去 20 多年的时间里,我所做的一项重要工作,就是引入美国的供应链内容资源与知识体系。

几年前,我也曾在国内高校供应链课程建设研讨会上讲述美国的物流与供应链教育。

从 2000 年起,我坚持每年去美国参加全球物流年会。2005 年,美国的物流管理协会更名为供应链管理专业人员协会(简称供应链管理专业协会),标志着全球物流进入供应链时代。这件事大家可能已经听过很多次了。2004 年 9 月 24 日在北京举办的第五届中国国际物流高峰会上，我发表了"时代变革与物流的使命"主题演讲，在今天看来，我当年的观点仍然不过时。

2004 年发表演讲时，我已经知道 2005 年美国物流管理协会要更名。2005 年的全球物流年会是在美国加州的圣迭戈举办，主题为"追赶供应链浪潮"，讨论的核心是物流全面拓展到供应链管理领域。之后的事情可能大家都知道了。2006 年，CSCMP 推出《供应链管理流程标准》，2007 年清华大学出版社出版了由我牵头翻译、校对的中文版。到撰写这份推荐序时，《供应链管理流程标准》第 2 版的中文版也即将付印、出版了。这两版流程标准，成为供应链管理知识体系的核心。

中国进入供应链时代，是以 2017 年国务院办公厅颁布的《关于积极推进供应链创新与应用的指导意见》为标志的，这说明供应链已上升为国家战略。国家对供应链这一领域越来越重视，至今相继颁布了相应的文件来促进中国供应链快速发展，以达到国际水准。

任何行业的发展，都需要有专业知识和技能的人来推动。2019 年 9 月 23 日，在美国洛杉矶安纳海姆举办的全球供应链峰会上，会长兼首席执行官瑞克·布拉斯根（Rick Blasgen）在开幕式上说，美国供应链就业人数 4,400 万人，占整个就业人口的 37%。可见供应链对整个美国经济的重要性。

在供应链上升为中国国家战略之后，供应链人才的供给已经远远跟不上需求的步伐了，供应链人才培养的问题也提上了日程。2020 年 2 月 25 日，人力资源和社会保障部、国家市场监督管理总局、国家统计局联合向社会发布了 16 个新职业，其中就包括供应链管理师这一职业。

无论你是现在准备进入供应链领域，还是已经在供应链某一垂直领域的岗位上，都需要选择一个合理的路径，采用科学的方法学习和进行职业训练，使自己能够快速地在供应链领域中成长，迅速达到国家职业标准，同时还要争取成为国际化的供应链管理者。

要成为国际化的供应链管理者，就要获得国际化的知识资源。一个人成功的速度，取决于学习的能力和速度。在知识爆炸的时代，在数字化时代，计算机这种"超级大脑"一秒钟就可以读几百万本书。但是，个人却不能快速地把需要的知识转化为自己的本领。所以，选择知识体系很重要。

今天，CSCMP确实已经成为全球物流和供应链领域中最有影响力的组织之一。协会是全球供应链思想领袖汇聚的平台，处于定义产业、引领方向的地位。从协会给专业人员提供的支持和服务来看，CSCMP的宗旨说明了一切：教育和连接全世界供应链管理者。《供应链管理流程标准》给出了包括计划、采购、制造、交付、回收（退货）、执行在内的6个部分的标准架构，但没有涉及各个部分的深入分析。人民邮电出版社出版的这套供应链丛书，覆盖了供应链管理中计划、采购、生产、运输等核心流程模块，也包含了丰富的全球企业案例，保证了内容的全面性和专业性。这套丛书，是美国注册供应链管理师SCPro项目配套的教材。这套丛书的引进，为中国的供应链管理者掌握国际化的知识体系提供了权威的工具。

CSCMP会长兼首席执行官瑞克·布拉斯根在2005年就曾说过："这是一个成为供应链管理者的伟大时代。"

当你立志成为一个供应链管理者，那剩下的事就是如何发展你的事业，绽放你的人生。

知识获取需要平台，事业的发展也需要平台。CSCMP 实际上就是我获益最多的知识获取平台和事业发展平台。CSCMP 在全球 75 个国家和地区拥有 105 个圆桌分会，由 8,500 多名物流与供应链领域专业人员构成，最具有代表性的活动是每年举办的全球峰会。峰会每年至少有三四千名来自全球的物流与供应链领域专家、学者以及企业高管参加，他们齐聚一堂，探讨和交流供应链前沿趋势。CSCMP 是知识源泉，也是信息源泉。CSCMP 的专业资讯平台包括供应链管理通信、供应链实时热点、物流年报、美国商业物流杂志等。我在自学的同时也会参加行业活动，包括沙龙、培训以及会议等，这样不仅可以提升我的人际交往能力和沟通能力，同时还可以拓展我的职业网络。

万丈高楼平地起，要想攀升到事业的巅峰，我们需要找到事业发展的阶梯。我希望这套丛书能给大家提供好的内容资源，且每个供应链管理者也都能利用好协会这个宝贵的资源平台。

人生路漫漫，通向成功的路不止一条。外国人说，条条大路通罗马。中国人说，条条大路通北京。成为供应链管理师的路可能不止一条。我相信知识溢出效应，在前人的基础上前行，总能加快我们学习的速度，提升我们学习的效率。

王国文　博士

中国（深圳）综合开发研究院物流与供应链管理研究所所长

CSCMP 中国首席代表

# 推荐语

穆恩博士基于自己近 20 年在供应链方面的咨询研究经验,在这本书中简明扼要地阐述了供需匹配是什么、为什么以及怎么做。这是一本对领导者和供应链行业从业者来说都极具指导意义的书。

——鲁本·斯隆(Reuben E. Stone)
沃尔格林集团(Walgreens)供应链高级副总裁

马克·穆恩对需求与销售预测的关注点从之前的统计分析层面提高至战略决策层面,从而找到了学术理论与从业者实践的平衡点。这本书延续了穆恩的导师兼同事汤姆·门泽尔提出的最佳实践方法。对于想精进自己预测能力的从业者来说,这本书是非常优秀且具有远见的实操指引。

——德怀特·托马斯(Dwight Thomas)
阿尔卡特朗讯公司(Alcatel-Lucent Technologies)前供应链规划经理

马克·穆恩在书中深入地阐述了供需匹配在实际商业环节中的重要性,并论证了其对整个流程的影响。这一全新的观点能够帮助各公司精进现有流程并为设计新流程提供指引。

——爱德华·古佐夫斯基(Edward Guzowski)
伊顿集团(Eaton Corporation)销售、库存与运营计划总监在不断演变的供需匹配领域中，穆恩是领军人物之一。在这本书中，他通过各行各业的大量实例对供需匹配进行了引人深思的研究。对于该领域的实践从业者和学者来说，这都是一本必读书。

——尼基尔·塞格尔（Nikhil Sager）

世界财富100强零售库存管理公司副总裁

这本书的内容设计十分精妙，对供需匹配在单独一家公司以及整个供应链内承担的角色进行了深刻的审视。供需匹配正是销售与运营计划应该达到的状态。穆恩教授在这本书中对于理想状态下的供需匹配过程、一家公司怎样才能达到这样的理想状态以及会对此造成破坏的影响因素等都进行了详尽的描述。这本书不仅对于规划员和管理者来说是必读书，对于工商管理硕士的商业预测课程而言也是很好的补充教材。

——莱恩·戴诗曼（Len Tashman）

《洞见：国际应用预测学期刊》编辑

对于大多数人来说，销售或者需求预测一直是个谜。但是马克·穆恩却以一种非常简单直接的方式，对需求预测的规则及其在商业中的重要作用进行了阐述。优质的销售预测不仅能够提升供应链的效率，而且只要利用得当，对于所有的规划过程，无论是长期还是短期，都有着重要的策略性意义。

——戴夫·波克林顿（Dave Pocklington）

安利公司（Amway Corporation）全球策略规划部销量预测与分析副总裁

# 前言

1996年5月，我已经从北卡罗来纳大学教堂山分校毕业，加入田纳西大学差不多3年。相比同事，那时我还是一位比较年轻的助理教授。当时我的专业领域是营销。在回到学校攻读博士学位之前，我在美国国际商业机器公司的销售部门工作了很多年，所以无论我当时做的研究还是教学，都是有关销售人员管理的方面。1996年5月的某一天，我们的春季学期刚刚结束，我正打算在暑假写一写或者改一改论文，打一打高尔夫，再陪我的儿子们出去玩一玩。我记得非常清楚，我当时正坐在办公室里想着自己的这些事情，一名资深教授路过，突然探头进来，问了一个彻底改变我事业进程的问题。那位资深教授就是汤姆·门泽尔，他问的那个问题就是："你愿意跟我去做一些预测相关的工作吗？我这边有一个公司需要进行预测审计，我想问问你愿不愿意帮个忙。"想象一下，当你的事业刚刚起步3年，你目前只是一个助理教授，一位像汤姆·门泽尔这样身份的人走过来并给你一个一起工作的机会，正常人都不会拒绝的。所以，我说："当然可以，汤姆，但预测是什么？"他微笑了一下，走回办公室，过一会儿拿了大概20篇他在这方面的文章、20多篇别人的文章以及一摞书过来，建议我尽量在一周之内把这些材料看完，因为一周之后我们就要去金斯波特为伊士曼化学公司做预测审计。

接下来的几周里，汤姆、我，还有两个博士生，开始了在诺克斯维尔和金斯波特之间来回90英里（1英里约为1.61千米）的路上奔波，我也开始了在预测方面的学习生涯。我们完成了伊士曼化学公司的项目之后，紧接着又完成了杜邦农产品、好时食品、米其林轮胎以及联信公司的预测审计。在那天之后的14年里，我受益良多。在汤姆2010年不幸离世之前，我们一同完成了34家公司的项目。2010年之后，我与保罗·迪特曼还有其他同事一起，为其他8家公司进行了审计，所以一共是42家公司。我和很多人一起联名发表过许多关于预测方面的文章，也有幸给汤姆那本远近闻名的预测方面的教科书做过二次编辑。在我的职业生涯中，我曾为美国田纳西大学和法国波尔多管理学院的本科生和工商管理硕士生教授过预测以及需求规划方面的课程；也曾作为预测师以及需求规划员在联合太平洋铁路、康宁、欧比特园艺用品、巴斯夫、明尼苏达和霍尼韦尔等公司工作过；我曾到世界各地（从美国到加拿大，再到墨西哥、中国、瑞士、法国、荷兰、英国、爱尔兰、新加坡、比利时）去学习预测的实践经验，也为公司的管理层提供培训课程，而实践得出的经验无论好坏，都让我受益良多。

有趣的是，在这样的旅程中，我逐渐对预测有了跟汤姆不同的见解。我发现需求预测本身对于一家公司的帮助并不大。我遇到很多公司，他们的预测都做得很好，但尽管如此，他们的库存、供应比率和成本方面依然存在问题。出现这样问题的原因并不是这些公司预测做得不好，而是他们没能把预测结果应用到实际的商业决策中，公司内部市场部门与供应链部门没能保持良好的沟通。换句话说，就是我发现公司不能只关注预测这一个环节。他们还需要促进内部需求方（如果是制造型公司，那么就是市场部门；如果是零售型公司，那么就是业务部门）和内部供应方（供应链组织、物流、采购以及运营等）之间的有效沟通。

这一发现在田纳西大学我所处的院系中践行得非常好，我也一直都以市场营销与供应链管理系的实践为傲。也许有些人会觉得一个大学商管学院中的学术部门把市场与供应链管理两个系结合起来会很奇怪。其实田纳西大学首次把这两个系合并在一起是在20世纪70年代，当时这样做只是为了把两个系合并，节省一部分行政助理的成本。之后的很多年，这两个系实际上一直是互不相干的。那么说到这里就又要提起汤姆·门泽尔了，他在市场营销与供应链管理两个领域都是颇负盛名的学者。他在整个职业生涯中，曾多次担任物流管理协会（现供应链管理专业协会）以及营销科学学会的主席。在他超凡的人格以及信念的驱使下，我们得以见识到市场营销与供应链管理二者协同的力量。同时，也是在他的领导下，我们提出了一种叫作供需关系集成的商业行为模式。汤姆不断地帮助我们发展、完善这个想法，而在他过世之后，我们也始终坚持对这个想法进行精进提升。我们从理论和实践的角度都写了一些文章，阐述了我们对于如何从公司整体利益的角度出发，在文化、流程以及工具方面对于供（供应链）需（市场营销）进行整合的看法。本书旨在阐明这种整合的重要因素，即供需关系集成过程，以及需求方对该过程的贡献，即需求预测的作用。在这个过程中，我其实是在试着把预测行为从传统的统计学层面转变到战略决策层面上。正如我在本书中所提到的，一个精准的预测添上50美分（100美分=1美元，1美元约为7元人民币），够你买一杯咖啡。但是没有以供需关系集成为基础的需求预测，则一文不值。

**本书能带来什么，不能带来什么**

本书能给读者带来以下几点。

（1）本书是公司供需关系集成架构与管理的指南。

（2）本书是专业商业人士如何管控预测过程的指南。

（3）本书对公司如何在实践中衡量预测绩效，如何通过预测绩效衡量、激励员工并做出正确的商业决策提出有效建议。

（4）帮助真正有见解的公司有效结合历史数据（统计预测），给出定性判断。

（5）我十多年与数百位预测专家一起工作的经验。

本书不能给读者带来以下几点。

（1）预测单方面的指导。

（2）关于预测全方位的指导。

（3）如何衡量预测准确性的深入探讨。

（4）包含公式、假设与验证的统计预测分析。

（5）经过严格"验证"的关于预测或者供需关系集成的学术理论。

**总结评论**

（1）如果你想找一本有关统计预测的教科书，那么本书并不适合，很多其他图书在这方面讲得更好。但是，如果你想寻求如何把统计预测与定性判断成功结合的实用性建议，那么本书可以帮到你。这本书中还会告诉你一些有关误用统计工具而造成的隐患，以及有时采用一些简单的统计方法反而会得不偿失的情况。

（2）同样，如果你想找一本书来帮你列举出所有评估预测结果的方法，那么这本书不适合你。正如之前所说，本书主要是为专业的预测专家们提供实用性建议，指导他们进行预测结果衡量并解释为什么要衡量预测结果。

（3）本书是为实际从业的管理者们而创作的，实用性高于一切。本书都是基于我的实际经验总结的，介绍了什么行得通、什么行不通。所以本书并没有任何对于假设的验证，都是给管理者们的实用性建议。

（4）本书主要是关于预测的，但是是在供需关系集成的背景之下。所以本书的第1章全部都是关于供需关系集成的，最后一章与之呼应，中间的章都是关于如何更好地进行需求预测，给管理者们提出的实用性建议。

**本书的架构与逻辑**

本书开头与结尾都是对于供需关系集成的探讨。第1章"供需关系集成概述"，阐述了供需关系集成的目标以及它与销售和运营计划的区别。我对理想状态下的供需关系集成中可能会出现的异常情况进行了阐述，并对支撑供需关系集成这样"超级过程"所需的一系列子过程进行了讨论。第2章到第7章都是关于需求预测方面的内容。在第2章"需求预测是一种管理过程"中，我阐明了需求预测也是一种管理过程，与其他管理过程一样，都需要进行前期规划、落地执行以及过程监控。同时，我还在第2章中提到了一些概念，如预测、需求、预测机制以及支撑预测性能的信息技术系统。

第3章和第4章都是关于预测方法的。第3章"定量预测法"，是对于定量预测，或者说统计预测的讨论，主要强调"为什么"而不是细节化的"怎么做"。第4章"定性预测法"，讨论了把那些对于未来模式可能与以往有不同的见解融入统计预测的过程，对统计预测结果进行加成。第 5 章 "预测过程中注入市场信息"，对于第 4 章中所说的定性分析进行了进一步的深入，探究了市场信息在预测过程中扮演的角色以及客户端反馈的预测信息能起到的作用。

第 6 章 "预测绩效评估"，探究了预测绩效评估的重要性以及怎样进行评估。就像其他管理过程一样，如果不评估，需求预测就没办法管理。而在第 7 章 "最佳需求预测实践及最佳供需关系集成实践"中，我对我们当初在田纳西大学提出的最佳预测方法进行了详细阐述。通过第 7 章的学习，读者可以对自己所在公司的预测过程进行评价，并且可以分析如果重建预测过程要侧重哪些方面。第 8 章 "回到供需关系集成：管理需求评估"是总结章，把话题从预测转回供需关系集成上。第 8 章中提到了需求评估是预测过程中最重要的一部分、我们要如何准备以及有效管理需求评估。

用词方面的简要说明：整本书中，我一直在"我"和"我们"这两个人称代词间犹豫不决。尽管我是这本书官方意义上唯一的作者，但本书内容其实是大家共同努力的成果。从我在田纳西大学的同事到博士生，到那些公司的员工，再到其他的学生，他们都为我书中表达的诸多观点提供了思想来源，所以很多时候我都会想把"我"改成"我们"。

说了这么多，让我们言归正传。希望读者能够喜欢这本以供需关系集成为背景的需求预测指南。如果有任何你不喜欢、不认可或者发现不足的地方，请联系我。最后，加油吧！

马克·穆恩

于诺克斯维尔，田纳西州

# 目录

## 01 供需关系集成概述

供需关系集成背后的理念 /003

供需关系集成与销售和运营计划的区别 /004

供需关系集成无效的标志 /005

供需关系集成的理想状态 /006

供应链中的供需关系集成 /011

供需关系集成的常见异常现象 /013

供需关系集成的规则 /017

供需关系集成的主要组成部分 /020

  产品组合与单品评估 /020

  需求评估 /021

  供应评估 /022

  对账评估 /023

  供需关系集成管理评估 /024

成功实施的供需关系集成的特征 /025

## 02 需求预测是一种管理过程

什么是需求预测 /031

有关需求预测的关键术语 /034

  预测维度 /034

  预测跨度 /035

  预测间隔 /036

  预测单位 /037

公司各部门如何使用预测数据 /038

预测机制——"三面"金字塔模型 /040

管理预测流程 /042

  客户群体的性质 /042

  可用数据的性质 /043

  产品或服务的性质 /045

预测系统的角色 /047

预测方法——预测三脚画架 /050

绩效评估的必要性 /052

## 03 定量预测法

定量预测的角色 /056

时间序列法 /057

  朴素预测法 /060

简单平均法 /060

　　移动平均法 /064

　　指数平滑法 /067

回归分析 /076

## 04　定性预测法

什么是定性预测法 /084

谁来进行定性预测 /086

定性预测法的优势 /087

定性预测法存在的问题 /088

　　大量复杂的信息 /088

　　信息的有效性 /089

　　财务成本与时间成本问题 /090

　　预测员无法识别需求模式 /090

　　参与人员协调问题 /090

定性预测法与相应的工具 /093

　　管理人员群体意见法 /093

　　德尔菲法 /096

　　销售人员意见汇集法 /097

## 05 预测过程中注入市场信息

市场信息概述 /108

"由下至上"预测与"由上至下"预测 /109

需求预测员需要做什么 /111

客户反馈的预测信息 /113

  我们是否应该从客户端获取预测信息 /114

  如果要从客户端获取预测信息，应该找哪些客户 /117

  如何与客户建立预测合作关系 /118

  如何把客户反馈的信息融入预测流程 /119

  客户反馈预测信息总结 /120

信息整合得出最终预测结果 /121

## 06 预测绩效评估

为什么要对预测进行绩效评估 /128

预测的过程指标与结果指标 /130

预测的绩效评估偏差及准确性 /132

  基本构件：误差率 /133

  偏差 /136

  准确性 /141

结果指标——优质预测产出的结果 /150

# 07 最佳需求预测实践及最佳供需关系集成实践

部门资源整合 /159

  供需关系集成过程 /160

  组织结构 /161

  考核 /164

  需求预测、业务规划与目标设定的角色定位 /166

  教育与培训 /167

  总结：公司如何精进部门资源整合 /170

需求预测的方法 /171

  预测观点 /172

  预测依据 /174

  预测机制 /176

  统计分析 /177

  融合定性预测信息 /179

  总结：公司如何精进预测方法 /180

需求预测使用的系统 /182

  整合程度 /183

  获取绩效评估报告 /185

  数据完整性 /187

  系统基础建设 /189

  总结：公司如何精进预测系统 /190

如何进行绩效评估和奖励 /191

  如何进行绩效评估 /192

  如何进行绩效奖励 /193

总结：公司如何精进绩效评估 /194

## 08 回到供需关系集成：管理需求评估

需求预测流程 /200

  阶段 1：准备初版需求预测 /201

  阶段 2：差距分析 /203

  阶段 3：需求评估会议 /209

## 致谢

# 01

## 供需关系集成概述

## 供应链与需求管理：
精准预测需求与高效匹配供需

在所有参与供需关系集成和预测审计调研的公司中，有一家是来自服装行业的。这家公司制造并且销售某品牌休闲服装，零售客户群体庞大，每年的收益也很可观。所以，可以想象，对于该公司而言，满足这样庞大的客户群体的库存需求是多么重要的事情。一旦订单超额出现断货情况，那么不仅会造成直观的销售额损失，而且会因为无法达到客户的供应比率预期而造成潜在的资金流失。

由于这在服装行业已经是很常见的现象，所以很多公司会把缝纫方面的作业外包给其他国家来做。这样做的好处是可以降低单件的成本，但是坏处是会影响公司的响应能力以及灵活性。在进行审计的过程中，我们的调查团队了解到这家公司内部供应部门和销售部门之间存在着沟通断层的情况。这一系列的问题导致这家公司产能严重短缺。尽管从长远角度来看这些问题都是可以解决的，但是短期来看，公司会无法满足一些大客户的订单需求，常见的尺码和热门的款式库存短缺，使客户很不满意。虽然供应环节的工作人员努力解决这些问题，但是短期看来能够改善的空间很小。尽管供应链上的问题已经对公司的大客户造成了如此影响，销售人员却依然在拓展新的分销渠道，公司对此也会给予奖励。对此，一位供应环节的主管表示很气愤，她说："我们的商品在沃尔玛（Wal-Mart）已经脱销了，但是他们还一直签新单！这到底是要干什么？"

这个案例就是一个公司内部不具备供需关系集成能力的典型表现。本章会深入探究供需关系集成的本质、它与销售和运营计划的区别，从战略的角度解析设计供需关系集成的目的，描述"理想状态"下的实践中出现的常见问题，以及一些成功实施供需关系集成的公司的特征。

## 供需关系集成背后的理念

供需关系集成作为一项单一过程，在运行得当的情况下，能够调动所有部门一起制定出统一且具有远瞻性的计划，做出使资源最优化以及一系列组织目标达到平衡的决策。这句话中有几个地方值得我们探究。首先，供需关系集成是一项单一过程，其背后蕴藏的观点其实是供需关系集成是一个由许多子过程组成的超级过程，这些子过程互相之间高度配合，以形成一项与大局目标一致的商业计划。这些子过程包括需求规划、库存规划、供应规划以及财务规划。其次，供需关系集成能够调动所有部门。为了使供需关系集成能够得到有效推进，必须参与的部门就包括销售部、市场营销部、供应链部、财务部以及高管团队。如果没有各部门的积极投入，供需关系集成背后的战略性目标是无法达到的。最后，供需关系集成有助于制定出统一且具有远瞻性的计划并做出决策。很不幸的是，当供需关系集成未充分执行的时候，事情大多处于"马后炮阶段"，员工们经常讨论的也是"为什么我们上个月没有达成指标"。所以供需关系集成的最终目标是形成一份商业计划，也就是让公司各部门知道达成目标的每一步都应该怎么做。

我们在调查中发现，想要高效执行供需关系集成，一定要具备3个要素：文化、流程和工具。文化方面，必须注重公开透明、团结协作，致力于达成公司的大目标；流程方面，一定要保证各环节紧密衔接，并进行实时跟踪记录，以保证计划的每一步都圆满完成；工具方面，就是要有有效的工具，说起工具，人们大多数想到的只是信息技术工具，但是工具还有另一层意思，就是要在对的时间把对的信息传达给对的人。

## 供需关系集成与销售和运营计划的区别

在过去的 20 年间，很多作者都发表过有关销售和运营计划方面的作品，而且对于一部分人来说，供需关系集成的前期描述听起来也像是销售和运营计划的翻版。不幸的是，由于一直以来缺乏有效执行，销售和运营计划的"名声"一直不太好。我们观察研究了很多销售和运营计划的实施过程，发现了一些会影响该过程有效性的普遍性问题。

首先，销售和运营计划本身就是战术性的。它主要关注短期内供需关系的平衡，并采取调整供应链的做法，以应对计划外的需求变化。这样的短期规划，其影响力基本只限于一个财政季度内。把关注点放在战术上，可能会让公司错失把握未来市场前景的机会，无法制定出与未来供应能力以及客户需求挖掘相关的战略决策。

其次，在公司中，销售和运营计划的实施一般是由供应链相关部门发起和管理的。从我们以往的经验来看，当公司"责怪"供应链部门的管理者无法以一种高性价比的方式满足客户的需求时，销售和运营计划就会应运而生。当库存堆积成山，飞速增加的成本逐渐失控，而供应比率却在不断下降时，公司内部会把注意力都放在供应链部门上，而供应链部门会立刻将矛头转向销售和市场部门"预测失败"上。事情发展到这个阶段，接下来就是老板发火，销售和运营计划应运而生以平衡供需关系，供应链部门管理者领命执行这一过程。而在这个过程中产生的断节点就是销售和市场部门并没有参与计划执行的过程，但这两个部门却恰恰能够直面客户并刺激需求，这个断节点对于整个计划的执行是最致命的。在我们所有合作过的公司中，我们曾在不止一家公司中听到员工们称销售和运营计划为运营计划，也就是说销售部门根本没有参与计划。

最后，销售和运营计划这个名字本身就带有一种战术性光环。正如下文所说，除了销售和市场部门之外，很多其他部门也必须参与，以保证这一计划的有效实施。如果没有市场部、物流部、采购部，尤其是财务部以及高管的参与，这种集成性的商业计划依旧只能是短期的战术，最终的结果往往是令人失望的。

所以，尽管销售和运营计划的最终目标与供需关系集成是一致的，但是它的执行往往只限于短期。也许，所谓的销售和运营计划的翻版的确是有必要的，因为在很多公司，销售和运营计划已经成了执行不畅的代名词。换成供需关系集成这样一个标签反而会为我们获得整合型、战略型的业务规划带来新机会。

## 供需关系集成无效的标志

由于我们的调查团队在过去的十几年中与很多公司合作过，所以我们也见证过许多供需关系集成无效的案例。通常来说，当一家公司的重要指标（如库存周转、置存成本、加急成本或者供应比率等）掉到标准线以下时，公司就会联系我们团队去判断他们的预测和业务规划过程到底哪里出了问题。而当我们到达业务方场地时，往往会了解到其存在下面这样的问题。读者可以看一下自己所在的公司内部是否存在这些问题。

（1）生产部门说销售部门的需求预测虚高，产品又卖不出去，导致供应链部门因为库存堆积而被指责。

（2）销售部门抱怨生产部门产量跟不上，进而影响销售。

（3）生产部门抱怨销售部门一方面不告诉他们什么时候上新品，另一方面又埋怨他们完不成订单。

（4）销售部门在季度末发力冲销量，但是却没跟供应部门协商好相关促销活动。

（5）公司本身忽略了利用全球布局的优势来满足区域需求。

（6）采购原材料时忽略了生产或者客户需求的必备条件。

（7）业务团队没能够充分预知潜在的风险和机遇；备选方案没有经过讨论；其中需要权衡的地方没有进行分析；虽然想降低风险达成目标，却走一步看一步，没有提前采取行动。

如果以上情况在你的公司中时常发生，那么你们的供需关系集成过程应该是没能发挥出应有的潜能，也有可能是因为它下面的某一个子过程存在设计或者执行不当的问题。

## 供需关系集成的理想状态

图 1-1 展示了供需关系集成的理想状态。圆圈代表公司的各部门，矩形代表供需关系集成这一超级过程，指向供需关系集成的深灰色箭头代表着这一过程的输入信息，浅灰色箭头代表着这一过程的输出信息。

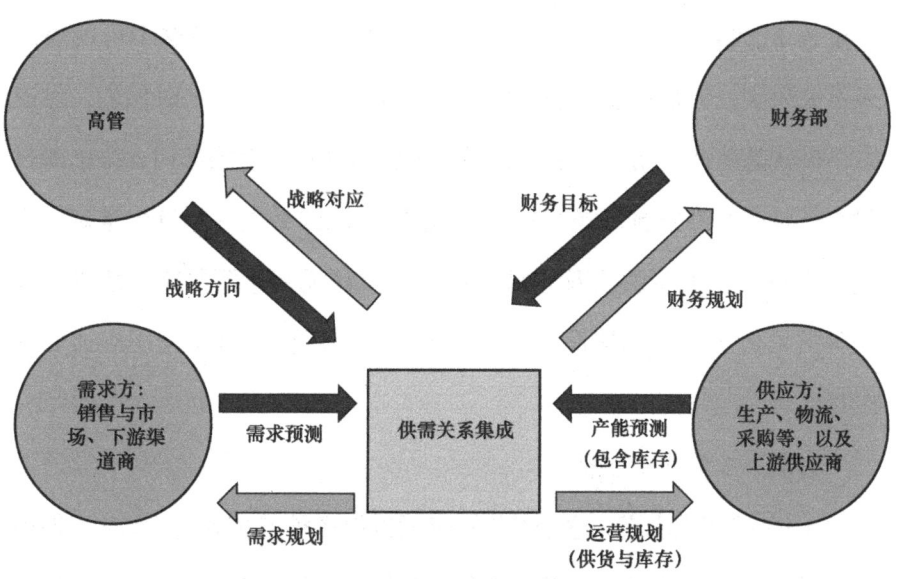

图 1-1 供需关系集成的理想状态

整个过程都是从标注着"需求预测"和"产能预测"的两个深灰色箭头开始的。需求预测就是一家公司对于客户在未来一段时间的需求构成最精准的"猜测",这一点在之后的内容中会有更详尽的阐述。值得注意的一点是,需求预测的确是猜测。我们没有魔法水晶球,所以对于未来的预测总是存在着各种不确定性。而且对越远的事情进行猜测,不确定性越大。同样,产能预测就是对公司本身在未来可以提供的产能的最佳"猜测"。跟需求预测一样,产能预测中也会存在各种不确定性。例如原材料或者配件的供给、劳动力的储备、机器的效率以及供应链中的其他变数都会给产能预测水平带来不确定因素。

我们可以先通过一个简单的例子来解释一下供需关系集成这一过程是怎样运行的。假设需求方,一般是销售和市场部门,收到下游渠道商的预测信息之后,得出结论,说从即日起的 3 个月内,某一产品的需

## 供应链与需求管理：
### 精准预测需求与高效匹配供需

求量为 10,000 件。我们假设这个预测是准确的（我知道这个可能看起来不太现实，但是现在我们就先这样设定）。现在，同一时间内，供应方，也就是生产、物流、采购等跟上游供应商打交道的部门，得出即日起 3 个月内的产能预测是 7,500 件。这些预测的结果并不符合常规，用在这里只是想说明供需双方常见的情况就是无法达到平衡。所以，当这种需求大于供应的情况出现时，带来的问题就是这家公司应该如何应对。

有以下 3 个选择方案。

（1）抑制需求量。这个结果可以通过很多种方法达成。例如，得出上述需求预测量的前提是产品价格保持在某一个价位，配上广告等宣传推广费，销售人员签单能够拿到提成，再加上一系列分销渠道的拓展等。公司可以通过对上述任意刺激需求的因素进行调整来使需求量与产能平衡。比如，公司可以通过提高价格或者适当减少宣传推广来抑制需求进而使供需平衡。

（2）提高产量。正如得出需求预测量需要一些前提条件一样，产能预测亦如此。公司可以通过增加员工班次、外包生产环节、增加原材料或者配件的供给、加速生产等方式来提高产能。

（3）建立库存机制。通常，同一年度内，在一些月份中，供大于求；而在另一些月份中，又变成求大于供。所以公司可以在供大于求的月份中积累库存，来填补求大于供时的空缺，而不是只以单月为周期来平衡供需关系。

上面的几个方案都可以用来解决需求高于产量的问题。真正的难点则是哪一种方案既能最好地解决眼前的问题，又能兼顾其他目标。

答案是"看情况"。要看每种方案的成本以及对于整体战略的有利性。因为每次的情况都不同，相应地，就会有不同的方案，而这些方案背后的成本以及战略情况也是各不相同的，所以公司需要做的就是把这些方案的利弊都呈现给能够做出最佳决定的决策者。这就是图1-1中矩形所描述的供需关系集成的目的。图1-1中，"财务目标"箭头所代表的就是每一种方案要涉及的财务问题，"战略方向"箭头代表的则是涉及的战略性问题。当供需关系无法达到平衡时，如果想要做出最佳的决策，那么要把来自各种信息源的所有信息，包括需求预测、产能预测、财务目标以及战略方向等，都考虑进去。

我们也可以换一种方式来看这个例子。假设3个月内的需求是10,000件，而同期的产量预测是15,000件，那么此时公司面对的情况就与上面的情况完全相反了。与提高价格或者降低宣传力度来抑制需求相反，这个时候公司要降低价格或者提升宣传力度来刺激需求。同样，与增加员工班次和外包生产环节来提高产能相反，公司要减少排班或者进行定期检修来控制产量。还有一点就是在这个时候不要动用库存，而是积累库存。而对于"我们应该怎么办"这个问题，答案依然是"看情况"。想要得到正确的答案，依然要对每个方案背后的成本以及战略影响进行深入的考量。决策者要尽量搜集正确的信息以尽可能做出正确的决策，而这个过程，如上文所说，就是供需关系集成。

我们可以通过另一个例子来进一步阐述供需关系集成的理想状态。这次，假设3个月的需求和产能预测都是10,000件（这样的情况的确不可能，但是先这样假设）。接下来，进一步进行假设。如果这家公司3个月只卖了10,000件，那么它的财务目标就无法达成，投资人对于公司股票的信心就会大幅下跌。那么现在怎么办呢？现在供需双方的量级都必须提升。对于需求而言，公司必须更改原本做出需求预测时的先决条件来刺激需求增长。可以进行降价、扩大宣传力度、开拓新的分销渠道以及扩充销售团队。哪一个方案更好？这个，也要看情况。同时，为了满足增长的需求，产能也必须增长。可以多安排班次、外包生产环节或者提高生产效率。哪一个方案更好？这个，也要看情况。决策者要尽可能搜集正确的信息以尽可能做出正确的决策，而这个过程，如上文所说，就是供需关系集成。

到这里我们已经讨论了指向供需关系集成的箭头所涉及的信息。对于真实需求的预测虽然不受限，但也要与公司能够制造产品或者提供服务的产能相匹配。在供需关系集成的过程中，当公司需要就如何达到供需平衡做出决策时，无论是在战术性的短期情况下，还是战略性的长期情况下，公司都会召开会议来讨论此事。财务部会就各方案涉及的财务情况给出反馈，高管也会就战略方向给出意见。然而，在图1-1中，其实还有从供需关系集成输出信息的箭头。你可以把这些输出的信息看作商业规划。如下，供需关系集成过程中可以输出3种商业规划。

（1）需求规划代表的是供需关系集成过程中输出的会影响销售和市场部门决策的信息。例如，如果需要通过调整价格来使需求与供给相匹配，那么是销售和市场部门需要执行这一调整计划；如果需要通过扩大宣传来刺激需求，那么是销售和市场部门需要执行一些宣传活动；如果新品上市的步伐要加快（或减慢），那么就要保证销售和市场部门对应的负责人接收到这一消息。本章开头的小故事就描述了在沟通与落地执行这些需求规划中出现的断层情况。

（2）运营规划代表的是供需关系集成过程中输出的会影响供应方的决策。例如，生产日程表、库存规划指南、原材料或备件采购指示、内外物流运输规划指示以及其他战术性和战略性的活动，都必须严格执行以保证客户能正常接收到货物和服务。

（3）财务规划代表的是反馈给财务部的供需关系集成过程所涉及的成本和预计收入。无论所进行的活动是要向投资人汇报还是为了保证公司日常运行需要掌握流动资金情况，财务部做出的可执行方案都要依据公司为了平衡供需关系所做出的决策。最后，这些财务指标会再反馈给公司高管来证明上面提到的决策的确跟公司战略方向相吻合。在供需关系集成的管理会议上，也就是管理者们对于一些短期和长期项目进行总结的高管会议上，会将这些指标广而告之。

所以，在理想状态下的供需关系集成，会充分吸收有关市场需求、供应能力、财务目标以及公司战略方向等信息，然后对于未来怎么做制定出清晰的决策。

## 供应链中的供需关系集成

截至这一部分，我们讨论的都只是如何在单个公司内部对供需关系进行整合。换句话说，就是如何将销售和市场部门对于需求水平的预测共享给规划整个供应链的人。供需关系集成过程就是问题的答案。但是，理想状态下的供需关系集成并不局限于在公司内部进行信息共享。图1-2对于供需关系集成如何围绕整个供应链展开进行了解释。

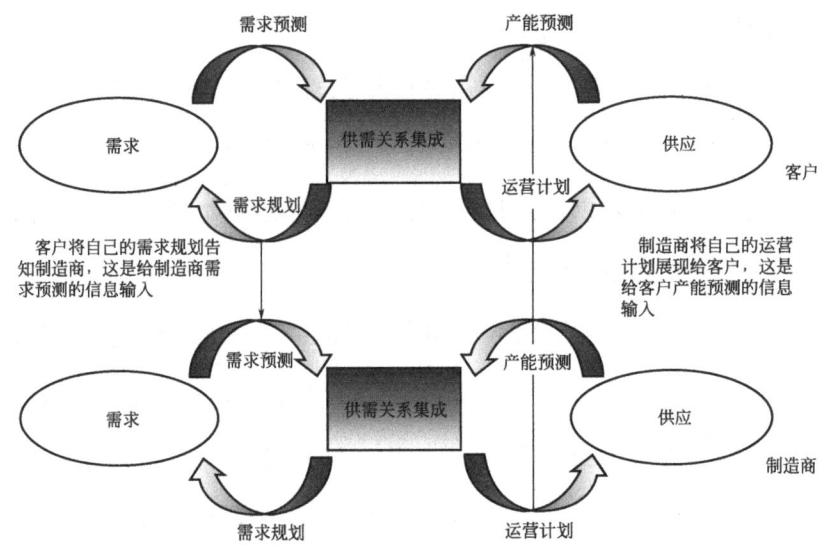

图 1-2 供应链中的供需关系集成

图 1-2 是在简化供应链环境下对图 1-1 中供需关系集成的简述版。竖着的直箭头代表的是各方合作的可能性。首先我们看一下从客户的"需求规划"指向制造商"需求预测"的箭头。想象一下,图 1-2 中的客户是一家计算机公司,而制造商是一家给计算机行业提供微处理器的公司。那么这家计算机公司在做需求规划的时候,会将未来一段时间内为了把握市场机会而采取的宣传手段都考虑进去;对于提供微处理器的公司来说,得知计算机公司的宣传计划肯定是有好处的,因为这可以让他们预估客户需求的增长情况,在做需求预测的时候可以考虑进去。

接下来我们看一下从制造商的"运营计划"指向客户的"产能预测"的箭头。当提供微处理器的公司完成了自己的供需关系集成过程之后,其中一项输出就是有关未来一段时间内某种型号微处理器产量的运营计划；对于计算机公司来说，能够得知这一运营计划也是很有好处的，如果这一运营计划显示该提供微处理器的公司未来一段时间的微处理器产量无法满足计算机公司的需求时，计算机公司在做产能预测时一定要把这一点考虑进去，因为生产供应短缺也会影响供需关系集成的结果。因此，在供应链中，一环的信息输出能够并应该成为另一环信息输入的重要部分。

当图1-2中的客户是经销商，制造商是通过经销商销售其产品的公司时，道理是一样的。经销商在需求规划中的宣传政策，对于制造商的需求预测十分重要。同样，制造商在运营计划中的项目计划表，对于经销商的产能预测也十分重要。公司可以通过一些机制来支持供应链中这种层面上的合作。比较简单的方法就是规定客户要定期给制造商发送正式的预测报告。更正式一些的，也可以遵照自愿性跨产业商务标准协会制定的协同式供应链库存管理协议来进行协作。不管采取怎样的方式，在供应链内多层次地有效执行供需关系集成有助于提高供应链整体的有效性。

## 供需关系集成的常见异常现象

图1-1和图1-2中描述的是供需关系集成理想状态，在实际情况中，往往有很多因素会迫使结果与理想状态相差甚远。我见过许多偏离理想状态的现象，其中有3种现象十分常见，值得一提。

第一，图1-3中描述了供需关系集成中最难控制的一种异常现象，叫作计划驱动预测，图中进行了一定简化以呈现出重点部分。

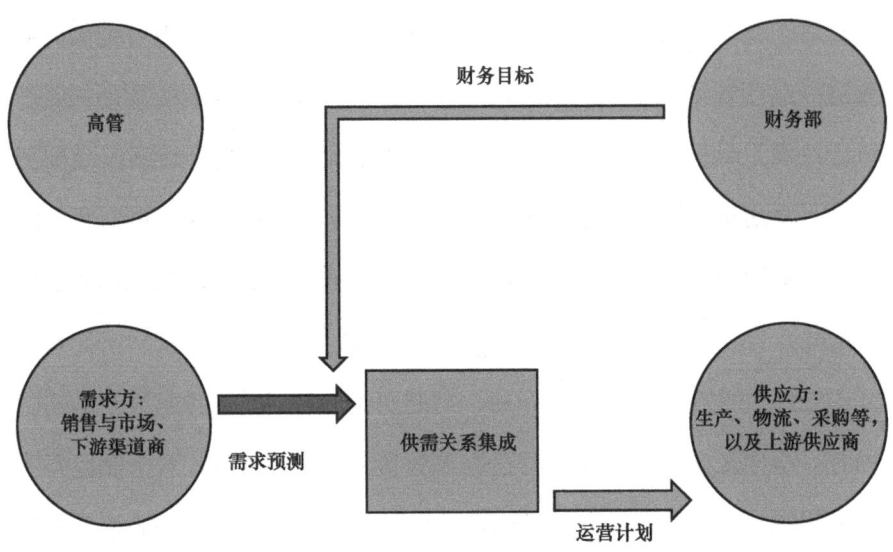

图 1-3　供需关系集成常见异常：计划驱动预测

在上文中，我提到了一种比较常见的情况，就是预测出的需求无法达成公司的财务目标。在理想状态下的供需关系集成中，财务目标也是一项考虑因素，公司会通过刺激需求（如果必要，供给也要相应提升）来达到财务目标而进行决策。而在计划驱动预测环境中，财务目标并不是供需关系集成的影响因素，而是需求预测的影响因素。也就是说，所属部门并不会参加如何刺激需求的讨论，而是会直接传达消息给需求规划部，告诉他们"正确的做法"就是根据财务目标提高需求预测量。一般在传递此类消息的时候，直接一点的做法是直接告诉需求规划部门——"把预测提高10%"，也会有一些巧妙的暗示——"需求规划部知道他们预测的需求量最好看起来能达成财务目标"。但无论怎样，这样的计划驱动预测都使得预测过程缺乏真实性。如果让销售与市场部、供应链部、财务部以及战略决策部等预测数据的使用部门知道了这些数据只是财务目标的复述，并不是客户需求的真实反映，那么他们会立刻把这些数据从决策影响因素中剔除。我所见到的计划驱动预测一般有以下两种结果。

（1）供应链规划负责人按照人为操控的预测数据继续制造产品，结果就是库存大量堆积，产生大量报废的风险。

（2）供应链部门内部表示："这个数据肯定是人为更改了的，并不能代表真实情况。既然生产出的多余产品还是要我们负责处理，那么就干脆不用管预测数据，按照我们自己的想法来做吧。"这样一来，供应链部门和公司的预测部门又无法协调了。

在以上两种情况中，有一个共同点就是计划驱动预测过程不够真实可信，预测数据使用者对于预测员传达出的信息存疑。

图1-4中描述的是第二种异常现象，我称之为供需关系集成变成战术性过程。在这种情况下，公司内部需求方负责提出需求预测，然后"隔

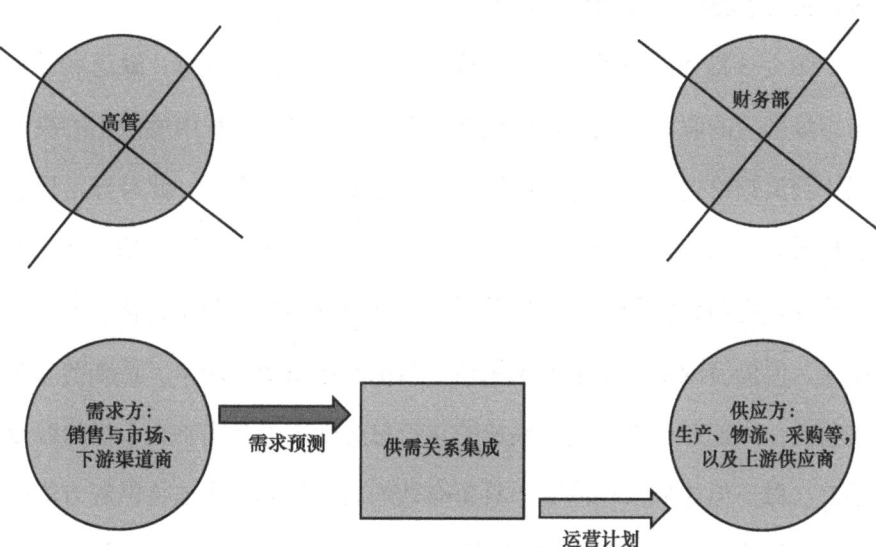

图1-4 供需关系集成常见异常：供需关系集成变成战术性过程

空抛给"内部供应方,而供应方在做规划的时候,可能会参考这份预测结果,也可能不参考。通常来说,在这种环境中,供需关系集成几乎没有真正起作用,因为需求方和供应方的负责人并不会定期举行会议来讨论一系列要点和限制性因素。

在上述情况下,销售与市场部门和供应链部门之间的沟通断层蕴藏着巨大的风险。当供需关系集成过程中缺乏正常的交流时,公司的供需双方都会互相不信任,对于彼此面对的限制因素也不想有丝毫的理解。除了对文化氛围的影响之外,这种方式由于缺乏高管和财务部的参与,战术性质浓重。一般来说,这种方式下进行的预测和规划都是着眼于短期的,而且由于没有从战略性的角度考虑供需关系,公司能够获得的发展机会也都是以一定的牺牲为代价的。供需关系集成在此时几乎是不可能"调动起整个公司",只能局限于"调动起整个供应链"的过程,此时销售与市场部门的管理者参与也成了一个难题。

图1-5描述的是供需关系集成的第三种常见异常现象:缺乏和销售与市场部门的联动。在这种情况下,供需关系集成过程中所做出的决策很少会反馈给内部需求方。而当产能是主要限制因素时,此种异常现象的性质最严重,因为会造成产品供货或者分配不足。可以回想一下本章开头描述的服装公司,生产方面的问题已经影响到给公司大客户的产品配送,但仍有激励机制来鼓励销售人员源源不断地签新单。正如前文中提到的,人们对于供需关系集成的讨论总是围绕着当需求大于供给时应该怎么做。但如果公司内部不具备有效的反馈机制,无法将供应方的决策传达给销售与市场部门,那么落地执行方案与讨论出的战略就不相符,自然会有不好的结果发生。

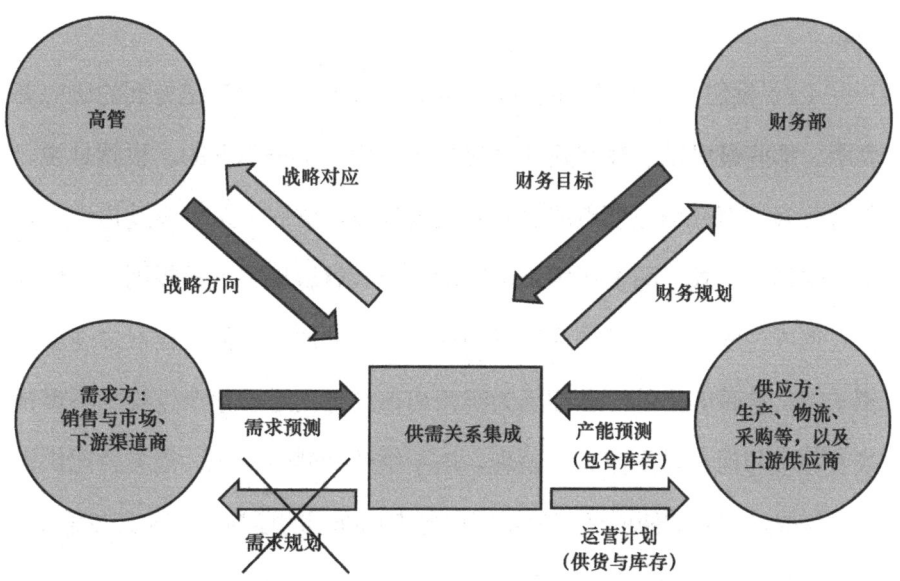

图 1-5 供需关系集成常见异常：缺乏和销售与市场部门的联动

这里所描述的异常现象都是公司未能适当执行供需关系集成过程时会面对的常见问题。即使在设计流程的过程中有意规避，这些问题也会时常发生。而公司的文化与奖励机制不恰当、员工缺少培训以及信息系统不完善等因素都可能对整个流程的设计造成破坏。我建议读者认真阅读图 1-1 提供的供需关系集成的理想状态，了解每一个箭头的含义。当任意一个箭头缺失或者是方向错误时，异常现象就发生了。精进整个过程的第一步就是定位过程中存在的差距。

## 供需关系集成的规则

我们已经了解了供需关系集成的理想状态和常见异常现象，下面会讨论 3 条普适性的指导规则来推动供需关系集成的执行。这 3 条规则分别如下。

（1）供需关系集成要以需求为驱动。多年来，供应链方面的研究都表明，那些最成功、最有效的供应链都是用需求来驱动的。也就是说，以聆听客户声音为出发点的供应链最为有效。供需关系集成过程也应该采取这样的方式，图 1-1 中需求预测的箭头就表现了这一规则。在供需关系集成过程中，需求预测反馈的就是客户的声音。但是在很多现实的例子中，这种客户的声音却因为销售与市场部门对于整个过程的不重视或者不参与而未得到应有的呈现。由于绩效和奖金文化，很多公司供需关系集成过程中的薄弱环节就是销售与市场部门的参与度。我会在第4、5章对这一现象进行深入探究。

（2）供需关系集成需要协同。正如图 1-1 所示，整个供需关系集成过程中，有一系列来源于内部和外部的信息注入，常见的内部信息来源包括销售、市场、运营、物流、采购、财务等部门以及高管层面，常见的外部信息来源包括大客户和主要供应商。所以，为了保证整个过程信息流通，就必须做到协同。这里的协同是指整个过程的参与者要致力于提供实用、准确的信息，不能为了个人的打算拒绝提供信息或者提供错误信息。在整个过程的执行中，建立这样的协同文化通常是最难的一个环节。高管在这个过程中必须积极参与，共同发展、培育这样的协同文化。

（3）供需关系集成要有纪律性。当我给那些还没有太多工作经验的本科生授课时，我经常表述的一个观点就是：公司中的工作都是由会议串联起来的，你所有的时间不是花在准备会议上，就是参加会议上，或者执行会议结果带来的工作上。供需关系集成也是一样。保证供需关系集成过程有效性的核心就是会议，而且会议作为核心点，其有效性也必须保证。这就意味着要有纪律性，具体的表现可以有多重形式。首先，必须要有适当的决策人参加，这样在会议上对于平衡供需关系的决策就有人有权敲定。其次，会议日程一定要提前敲定，在会议中也要严格遵照安排进行。最后，会议的讨论重心要向前看，而不是一直纠结"我们上个月为什么没达成指标"。为了建立并且保持这样的纪律，必须选一位公司中十分有"势力"的人来掌控整个过程，高管层面通过与之配合来推进纪律的落地。这也再一次证明了公司文化对于供需关系集成过程的有效性至关重要。

如图1-6所示，当保证纪律性之后，供需关系集成的"魔法"（击中"和谐点"）就可以在公司中发挥作用了。

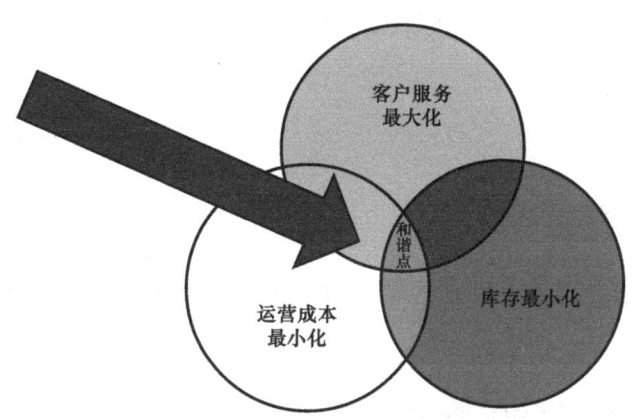

**图 1-6　释放供需关系集成的"魔法"**

图1-6中的和谐点是3种互相冲突的公司重点的交叉区域：客户服务最大化（随时能够给客户提供商品和服务，满足客户的要求）、运营成本最小化（有效的制造过程、运输成本最小化、采购成本最小化等）以及库存最小化的重叠部分。这个和谐点的确可以达到，但前提是供需关系集成在执行的过程中以客户需求为驱动、互相协同且有纪律性。

# 供需关系集成的主要组成部分

本书并不是供需关系集成执行的入门书,很多书对这方面的细节性知识提供了详尽的讲解。在我参加诸多公司的项目的过程中,我发现供需关系集成想要运行得当,必须具备以下 5 点。

(1)产品组合与单品评估。

(2)需求评估。

(3)供应评估。

(4)对账评估。

(5)供需关系集成管理评估。

下文会对每一项从目标层面进行讨论,不会涉及战术和执行层面的细节性问题。

## 产品组合与单品评估

产品组合与单品评估经常在供需关系集成过程中被忽略,但包含这步才能达到最好的效果。此项评估的目的是在做需求评估的时候能够及时获得有关产品组合的变动反馈。变动的来源通常包括两方面:新产品上市和产品(单品)优化。新产品的预测是一个十分复杂的话题[1],值得用一整本书来探究,所以在这里我就不做赘述了。无论是全新产品的研发还是现有产品的升级,新产品的需求预测都涉及一系列的预测难题。在供需关系集成过程中,新产品的开发效果不好,造成的后果就是公司内部对于新产品上市能够给现有产品带来的影响应对缺乏联动。

此项评估中另一个关键因素就是产品优化，或者说单品优化。很少有公司拥有一整套正式、规章制度严明且有持续性的产品组合评估过程，造成的后果就像某公司供应链高管所说的："我们很擅长推出新产品，但是却不知道怎样更迭旧产品。"这种无法对产品组合进行持续性分析的问题导致了单品堆叠，给供应链带来了十分不必要且高成本的困扰。把产品优化注入供需关系集成过程，公司在进行下一步——需求评估时，就能有更可靠的基础数据，进而对于整体产品组合的预期需求就能有更精准有效的预测。

**需求评估**

从本质上来说，需求评估是这本书存在的理由。需求评估的最终目标就是对需求预测量达到无约束的一致意见。会议是供需关系集成过程的重点部分，需要由营业项目中担有经营责任的业务高管担任主席，可以是公司层面的会议，也可以是部门或者战略经营单位的会议。要保证有内部需求方关键可决策代表参加会议，需求方包括产品或者品牌营销、销售、客户服务以及大客户管理等部门代表。我去过的一家合作公司对于月度的需求评估会议有内部规定：销售与市场部门的员工要尽量参加，并且积极参与；供应链部门的员工可以参加会议，但是不能参与讨论。这样做是为了防止供应链部门的代表在讨论中发表"我们供应不了这么大的需求量"之类意见。这一规定是该公司为了保证需求预测不受约束的一种方式。

由于本书第 8 章中涵盖了对需求评估的准备以及实施过程，我在这里就不对具体的议项或者结果进行赘述了。总而言之，对于需求预测的一致性意见是供需关系集成这个阶段中非常关键的信息输出。

## 供应评估

供应评估，应当由供需关系集成过程中重点业务线上有相关责任的供应链管理者主持。供应评估的目的就是在对内外假设因素都进行充分考虑的情况下，对于公司在未来一段时间内能够提供的产品量或者服务量进行最贴切的预测。另外，在供应评估时还要确认产能预测与需求预测是否匹配，对于二者之间的任何差值都要进行确认、解决或者在下个阶段的会议上再议。

产能预测是通过分析公司供应链的一系列检查数据得来的，包括供应商的供给能力、生产线实际制造能力以及物流能力等数据。供应商的供给能力数据通常是由供应链环节的贸易或者采购部门提供，呈现出任何已知的未来会由原材料或者零件造成的限制。生产线实际制造能力则由以下 4 点决定。

（1）历史制造能力。

（2）设备规划，包括可能会增加产出的新设备引进，或者会暂时降低产能的定期设备检修。

（3）预期的劳动力限制，包括技术工种劳动力、节假日、培训等。

（4）除了增加设备之外的增长计划，如生产过程精进以增加产出。

物流能力包括任何内向或者外向物流的预期限制因素，如运输或者仓储中会出现的突发事件等。这3项因素（供应商的供给能力、生产线实际制造能力和物流能力）综合决定了一家公司的产能预测数据。

得到产能预测数据之后，可以与上一阶段——需求评估中得出的需求预测数据进行匹配，这一步至关重要。正如上文提到的，在此环节中，公司要确认供需之间的不平衡是从何而来的；也是从这一环节开始，公司要用供需关系集成机制来规划业务。供需之间的不平衡必须被填平，无论是求大于供，还是供大于求。在一些情况下，二者之间的差距显而易见，解决方式也相对简单。例如，如果产品A需求超高，产品B供给超高，那么就把产品B生产线的多余产能调给产品A，答案显而易见。但是，如本书前文描述的，在有些情况中填平供需不平衡的最佳选择并没有这么显而易见。决策者必须在决定时把其他方面也纳入考虑范围，这也解释了为什么要有下一步——对账评估。

**对账评估**

如果一家公司要停止上文所述的供应评估过程，那么它至少要拥有一套良好运行的销售和运营流程，尽管这也只是短期战术性的策略。对账评估加上供需关系集成管理评估，能够将对供应链进行规划的销售和运营计划转换成对业务进行规划的供需关系集成。对账评估的目的就是让公司的高层从财务和战略的角度来考虑供需关系这一问题。由于对账评估关注的是平衡供需关系带来的财务方面的影响，所以对账评估会议应由该业务线的财务总监来主持。参加会议的成员应该包括需求方的管理者（销售部、市场部以及业务线的领导）、供应方的管理者（供应链管理团队）以及财务总监。会议的目的就是要在财务总监的带领下，解决任何从需求或者供应评估中出现的财务问题，保证达成共识之后的业务规划与公司大局目标相符。在这个阶段，前面需求和供应评估阶段所讨论的商品件数都要被"现金化"。换句话说，该阶段就是要考虑前两阶段讨论中涉及的不同场景方案的财务汇算结果。尽管一些高度战略性的问题仍要留到供需关系集成管理评估阶段解决，但对账评估还是可以解决大部分悬而未决的问题。

## 供需关系集成管理评估

这一阶段是供需关系集成过程的最后关键部分，需要高管团队定期举行会议（一般是月会）。一般是所规划业务单元的最高经营责任人负责主持会议。无论是整个公司层面，还是一个部门或者一个战略经营单位，供需关系集成管理评估会议的整体目标包括以下3点。

（1）复盘业务绩效。

（2）解决对账评估会议没有解决的问题。

（3）保证关键业务部门整体目标一致。

举行高管会议时，全公司的关键部门都要参加，从销售到市场到供应链，从人力资源到财务再到高管，一同确认前几个阶段的会议输出，并且就达到公司长期或者短期目标而将要执行的计划达成一致。也就是说，高管会议起到确保公司上下一心的作用。

很显然，如果整个过程想要行之有效，每个会议开始之前一定要进行充分准备，这样决策者才能够在背景信息充足的情况下做出决策。另外，每次会议重要人员必须出席。只有这两个条件都被满足,才能进入下一阶段。

## 成功实施的供需关系集成的特征

有一句被苏菲·塔克(Sophie Tucker)、梅·韦斯特(Mae West)和格特鲁德·斯泰因(Gertrude Stein)等人都引用过的老话:"我曾富有,也曾贫穷,相信我,富有真好。"同样,我见过好的供需关系集成,也见过坏的,相信我,好的真的很好!基于我所见过的供需关系集成,我总结出了一些成功实施的供需关系集成的特征。

(1)由业务方高管主导执行。换句话说,如果是供应链部门发起供需关系集成,那么是不可能成功的。供需关系集成失败最常见的原因就是缺乏销售和市场部门的参与。由供应链端推动供需关系集成执行其实很常见,因为他们往往是集成执行不当的"受害者"。在我们团队参与过的40多场预测和供需关系集成审计中,很多都是由供应链端发起的,通常是因为他们的库存水平过高,主要原因一般都是预测不准,但这个原因只是很小一部分。供需关系集成无效才是根本原因,而这往往是由销售和市场部门很少参与造成的。所以供需关系集成其实十分需要销售和市场部门投入一定的时间、精力和资源,但是负责落地的一线员工往往觉得这并不是自己的职责。想要简单直接地解决这个问题,可以安排业务方的高管,也就是经营损益负责人以及销售和市场部门的直属领导,来负责供需关系集成的落地推进。

(2)中高层管理者都要深入接受供需关系集成方面的培训,相信这一过程能够带来益处并且予以全力支持。供需关系集成并不只是一个充满了各种步骤和会议的过程，而是一种公开透明、齐心协力以及跨部门协作的公司文化。这样的公司文化是需要管理层来塑造以及加固的，所以为了使供需关系集成获得成功，参与这个过程的中高层管理者必须对这一过程完全信任。而为了使中高层管理者能够参与这个过程，最好的方式就是让他们意识到供需关系集成能够带来一定益处。

（3）高层管理者要对供需关系集成的每一个步骤负责。每一步共同参与的员工都要明确并且责任到人。事业部负责人和高管肯定还有除了供需关系集成落地管理之外的事情要解决，所以每一阶段都一定要明确是由谁进行管理控制并且承担相应的责任。每一个事业部都一定要有拥护供需关系集成的人。我们所做的调查表明，为了不断精进这一过程，同时保证高水平运营，一定要由一位在公司内很有"势力"的人做供需关系集成的领头人，这样才能为供需关系集成调动人力、技术和公司文化等资源。

（4）要把供需关系集成看作支撑整个公司运营的过程，而非单单一个供应链部门职能。推动供需关系集成这一过程最好的战略就是让财务部以及公司总裁认可它能够带来益处。如果没有总裁和财务总监的参与，公司内部很容易觉得这是供应链部门的计划。把供需关系集成与整个公司的运营相关联的一个关键点就是销售和市场部门能够参与。我曾见过一些公司，他们的供需关系集成被销售和市场部门边缘化成"只是供应链部门自己的计划，我没必要参与，那是供应链部门的事"。但如果能把供需关系集成定位为"公司运营的方式"，那么销售和市场部门就可能会积极参与了。

（5）为了保证供需关系集成成功落地，一定要重点强调一些公司文化上的变化，一些"杠杆"是不可避免要被撬动的。

第一，价值观。每个参与这个过程的人必须拥抱公开透明、齐心协力以及跨部门协作的价值观。

第二，信息与系统。尽管信息技术不是能够解决跨部门整合问题的"尚方宝剑"，但是干净的数据和公共信息平台可以为公司文化的改变提供帮助。

第三，业务流程。针对供需关系集成制定一系列标准化的流程是改变公司文化的关键。如果缺乏清晰的业务流程，就容易忽略供需关系集成的一些重要因素，进而给员工造成困惑，也达不到整合的目的。

第四，组织结构。公司文化改变的一个关键点就是人尽其才，同时再辅以合理的汇报以及考核制度。

第五，指标。有评估才有奖励，有奖励才有动力。在公司文化的改变过程中也要运用人性的规律。

第六，竞争力。成功推进供需关系集成落地的一个关键因素就是在人尽其才的同时，给员工提供培训机会，提高他们的工作效率。

## 小结

本书剩余的部分都集中在如何精进需求预测上。然而，读者需要参考图1-1——供需关系集成的理想状态，才能对整本书讨论的内容有完整的认知。本书主要集中在标注着"需求预测"的箭头上。我坚信，没有一个高效的供需关系集成过程，再精准的需求预测也没有什么价值，还比不上写它的纸（或者存储它的磁盘空间）。同时，我还认为这个箭头代表的是供需关系集成过程非常关键的开头。顶级的供需关系集成需要顶级的需求预测，接下来我们的讨论也将围绕着这一方面展开。

## 参考文献

[1] Kenneth B. Kahn and M. E. Sharpe (2006). *New Product Forcasting: An Applied Approach.*

# 02

## 需求预测是一种管理过程

很多年前，我们团队发表了一篇文章，标题是《提升预测的7个要诀》。第一个要诀是"要知道预测是什么、不是什么"，这也正好跟本章的主题息息相关。我们发现对于很多公司来说，管理预测过程通常就是挑选预测软件。另外有一部分公司认为预测和做计划一样。还有一部分公司认为预测就是定目标。正如本章标题强调的那样，预测也是管理过程。与其他管理过程一样，对于预测的每一个环节、人、流程以及工具，都必须严格管理。本章会告诉你一些管理预测的恰当方法，具体来说，包括以下话题。

（1）定义需求预测，以及搞明白它与做计划和定目标的区别。

（2）定义关键术语。

（3）公司各部门如何使用预测数据。

（4）预测层次结构。

（5）管理预测流程。

（6）概述需求预测系统。

（7）定性和定量预测法的角色。

（8）绩效评估的关键性。

本章将对上面的部分话题进行详述。其他如预测方法和绩效评估的必要性等在后面的章中会专门进行探究。

## 什么是需求预测

我们来对需求预测进行一个简明的定义：需求预测就是一家公司在一系列的假设条件下，对未来需求进行精准的测算。

这个定义说来简单，其中却有着很多值得细究的点。首先，预测是"一家公司精准的测算"，换句话说，就是猜测。当然，预测肯定是有理有据的猜测，但本质上还是猜测。有一件事我经常强调，对于管理者来说，你能确定的唯一一件事就是你的预测可能会是错的。实际上，就两种可能性——要么你的预测是错的，要么你就是那个罕见的幸运儿。

想要达到"对于未来需求最好的测算"这点还有一系列的假设，这些假设有的设定明确（正面影响），有的却不易察觉（可能会带来负面影响）。这些假设可能来源于公司内部，也可能来源于公司外部。内部的假设条件一般是指一些刺激需求的公司活动，如广告、宣传活动、开拓新的分销渠道、招聘销售人员等，除此之外，还有一个内部假设条件——价格水平。经济学家教会我们，需求曲线，一般来说，都是呈负增长的，也就是说，价格越低，需求越大，反之亦是。所以价格区间这一假设条件设定明确，对于需求预测来说至关重要。外部假设条件主要包括对于未来经济水平的预期，如利率、失业率、通胀情况、股市等，还有就是竞争对手的动向。对于公司的产品或者服务需求预测来说，任何有关主要竞争对手以及他们的新品计划、价格战略、宣发活动等方面的信息都至关重要。通常来说，这些设定明确的内外部假设条件越多越好。通过设定明确的假设，人们更容易弄清楚预测到底哪里出错了，而且，记住：预测永远是错的！全面地了解这些假设条件哪个有问题、哪个没有问题，能够极大程度地帮助公司的预测过程取得持续性进步。

我们也可以通过把需求预测过程与商业规划和目标设定进行对比，来进一步得出需求预测的定义。参与我们调研的很多公司都无法正确地区分预测、计划和目标设定。读者可以参考第1章中的图1-1来把需求预测和商业规划进行对比。无论是供应预测还是需求预测，都是对未来可能会发生什么的猜测，是供需关系集成的重要输入信息。而计划是关于要做什么的决策，一般都以需求规划、运营规划以及财务规划的形式出现。可以把这些规划看作为了保证预测的需求能够达成而执行的任务，或者说"行军令"。在理想化的供需关系集成中，预测先于规划。也就是说，要先做出对未来机会的现实化评估（预测），才能够产出做什么的决策（计划）。所以，预测并不能和计划混为一谈。

预测当然也不是目标设定。目标是一个人或者一个组织希望达到的成果。很多商业组织都难以区分预测和目标，尤其是销售与市场部门。下面拿一个小例子来阐述这个问题。我曾采访过一家我参与审计调研的公司的销售副总监，问她关于销售人员如何达成预测的问题。她给我的回答是："我们的人都知道，不根据目标做预测，就是自取灭亡。"接着我又问她："那么如果他们预测出的客户需求不足以完成目标怎么办呢？"她说："你没有好好听我说话。他们明白，如果预测结果跟目标不符，就是自取灭亡。"正如我第6章所说的，预测的最终目标就是算出准确或者与未来真实需求最贴近的预估需求。上面这个例子呈现的就是这家公司销售人员的预测十分不准确的现象。但将目标与预测混淆的部门其实不止销售与市场部门，通常品牌管理和产品开发的部门，也经常将预测与目标混淆。一定要记住这条最基本的原则：预测不是目标设定。我们可以通过一个很简单的方式将二者区分：预测是认为会发生的事情，目标设定是希望会发生的事情。

需求预测的定义中最后一个复杂的因素就是"需求"一词。读者们应该都能意识到，本书的书名中就包含"需求"一词，而需求预测这一术语更是贯穿全书始终。需求预测就是对需求最好的测算。有很多其他图书或者文章都发表过关于销售预测的内容，人们也普遍接受这一概念。但是，在我看来，这是一个错误的概念。本书认为集中流程的最终目的就是尽可能地得出对未来需求最佳的测算结果。所以，我们可以先正式定义一下需求一词：需求就是客户在条件允许的情况下会在公司产生的消费行为。

有这样一个小故事可以帮助我们区分需求预测和销售预测。在2000年春天，索尼公司在日本推出了最新的PS2游戏主机，紧接着在同年秋天，这款游戏主机在美国和欧洲也陆续上市。在游戏主机刚上市的时候，索尼公司因为生产延迟的问题造成大面积的零售供应短缺，"狂热粉"们为了得到一台PS2可以倾尽所有。我记得很清楚，在2000年秋天我的一个本科学生翘了一节课，在之后的某个课间他告诉我那天他排了一整晚的队买到了一台PS2，第二天转手在网上以比市价两倍还要高的价格卖出了。索尼广为人知的例子很好地证明了需求预测和销售预测的不同。

一家公司可能有充足的理由形成销售预测（对于未来某一段时间能够卖出多少商品最精准的测算），包括财务规划，尤其是向华尔街披露财报和盈利预测，以及形成短期内的供应链规划。但是销售预测并不是战略性业务规划合适的出发点。如果这家公司产能受限，不管生产多少总是供不应求，那销售预测岂不是100%准确了！所有做预测的人都要问的一个问题就是："我们能生产多少？"但是还有一个更有用也更难的问题是："如果我们产能充足，客户们能购买多少商品或者服务？"这才是需求预测，也正是本书的核心关注点。

## 有关需求预测的关键术语

在我们还没有从管理过程的角度深入研究预测之前，先对一些关键术语进行定义是很有必要的。

**预测维度**

预测维度指的是预测粒度的水平，也就是预测的精细程度。拿可口可乐公司来举例，现在有一个很重要的预测方面的问题，"田纳西诺克斯县在7月对于12连包、每罐12盎司（1盎司约为0.03升）的健怡可乐的需求量是多少？"这是一个地域维度的库存储备预测。另一个很重要的问题就是"在7月，12连包、每罐12盎司的健怡可乐的整体需求是多少？"这是单品维度的库存储备预测。"除去包装规格不谈，7月市场对于健怡可乐的整体需求量是多少？"这是品牌维度的预测。那么再看一个问题，"所有可乐，无论什么品种（经典可口可乐、健怡可乐、零度可乐、樱桃可乐等），在 7 月的总需求量会是多少？"这是产品维度的预测。在后面的预测机制中会解释上述几种预测的含义，每一种预测对于不同类型的业务规划来说都至关重要，每一种都代表着不同的预测维度。通常来说：预测粒度越细，预测越不准确。粒度越细，通常随机变量就越多，也就会导致地域维度的库存储备比品牌维度还难以精准预测。

**预测跨度**

预测跨度所描述的是目前预测的是未来多长时间内的需求数据。也就是说，如果现在是 7 月，预测 9 月的需求，那么预测跨度就是 2 个月。

经常有人问我一个问题："一家公司应该提前多久进行预测？"我的答案分为两个部分。第一部分是预测跨度的最短区间——你在做需求预测的时候至少要留出生产提前期。换句话说，如果你所预测的产品生产提前期是 4 个月，那么你提前 2 个月对该产品进行预测对于供应链部门来说毫无用处！供应链部门在这仅有的 2 个月时间内无法做出有效反应，所以这样的预测几乎无效。所以预测跨度的最短区间就是生产提前期。第二部分就是预测跨度的区间，要由公司扩张生产力的时间来决定。很多年前我们的调研团队与一家生产光纤的公司共同参与一个项目。在那时，制造出一台新的光纤生产设备需要 2 年的时间，所以这家公司的预测跨度区间就是 2 年。如果是提前 1 年开始预测，那么预测结果对于是否要进行生产设备扩张来说毫无用处。所以当以供应链规划为目的进行需求预测时，需求预测区间应该不短于生产提前期，至少要与进行产能扩张的准备时间一样长。

有一个现象与这部分内容有一定的关联性。在过去的20多年里，不断地有公司把生产部门安排到低收入国家。很显然，离岸生产的一个后果就是生产提前期延长，而这对于需求预测跨度也造成了影响，因为最短预测区间也要跟着延长。有一条通则是预测的区间跨度越大，预测准确性越低。"猜"下个月会发生什么肯定比"猜"半年后会发生什么要更准。所以，在低收入国家离岸生产带来的一个后果就是，在这种情况下得出的预测结果，没有在售卖地生产时得出的预测结果准确。正如第1章中提到的，一旦预测准确性降低，公司就要通过多储备库存来满足客户的需求。

当然了，做需求预测不仅是为了供应链规划。财务规划和需求规划都属于供需关系集成的管辖范围，都是预测过程十分关键的成果输出，这两项规划的区间跨度可能比供应链规划的区间跨度大或小。关键是需求预测要对预测数据的使用者负责，决定需求预测区间时也要考虑这些使用者的各种计划任务。

## 预测间隔

预测间隔就是需求预测更新的频率。对于很多制造型公司来说，常见的预测间隔就是1个月——每月会进行一次"战前鼓"，它在供需关系集成中被称为预测。但是在一些情况下，预测间隔也会适当缩短。比如有的公司会进行周预测，有的公司甚至会每日更新一次预测数据！一家公司如果采取如此高频的预测，那么通常是因为该公司正处于大规模推广宣传的活动中。快消品公司一般更新预测数据的频率就比较高，是因为这些预测数据能够帮助他们根据目前市场竞争动态以及产品供应水平来制定相关促销活动。

**预测单位**

预测单位是指表达需求预测数据时的物理衡量标准。例如，可口可乐公司可能会用"箱"这个单位来表达预测数据，如"7月预测需要多少箱健怡可乐？"如果是一家化学公司，可能会用"磅"来表达预测数据。上文中提到的光纤制造公司可能会用"千米"来衡量光纤的预测数据。在这几个例子中，预测数据都是由对应的物理单位来衡量的：箱、磅或者千米。

经常有人问我关于用货币作为预测单位的实用度，如美元、欧元或者其他任意一种货币。回答这个问题的时候，我通常都会停顿一下，摆出一副深思的表情，然后用一句耐人寻味的话来回答对方，比如"我觉得如果你们公司生产美元，用美元做预测单位还是挺好的！"抛去这个不算笑话的笑话，我希望你们能够明白我所表达的观点：需求预测应该用物理单位来衡量。对于财务预测，应该在物理预测量的基础上加以价格预测，最后得出的结果以货币为单位。我参与过项目的很多公司在做需求预测的时候都会要求销售团队提交下一季度的预测数据，而不幸的是，销售团队提交的预测往往都是"我下季度的预测是270万美元"。

这无论是对于供应链方面还是对于整个业务的运作，都没什么帮助。因为你无法得知销售团队所说的270万美元，是卖一件单价为270万美元的商品还是卖270万件单价为1美元的商品。运营、采购、物流服务和库存管理方面的人员都需要更多的信息来保证业务规划的有效性。当销售团队能够用美元来衡量自己的预测时，他们提报的数据并不是未来可能会发生什么的预测结果，而是他们希望未来达成什么的个人目标。财务部才是负责最终将预测数据转化为以金额为单位的预测结果的角色，而这也是供需关系集成过程中至关重要的一部分。因为如果没有这一步，那么负责业务规划的人就无法掌握需求预测与年度运营计划之间的实际差距。而相应的收益和利润的预测也要根据商品或者服务的物理预测结果得出。所以要记住，预测结果用物理单位衡量，之后在财务项目中再转化为金额。

## 公司各部门如何使用预测数据

第1章中讨论了为什么供需关系集成是一个需要跨部门协作的过程。在一家公司合理设计出供需关系集成过程后，该过程能够从预测维度、跨度、间隔以及单位等方面给公司不同部门提供需要的信息。表2-1对于这一概念进行了详解，此表并不包含所有情况，也不一定符合每一家公司的真实情况，它只是阐述了稳健的预测以及供需关系集成过程如何为公司预测数据的"下游部门"提供有效的信息输出。

表 2-1 公司各部门如何使用预测数据

|  | 市场部门 | 销售部门 | 财务部门 | 采购部门 | 物流部门 | 运营部门 |
|---|---|---|---|---|---|---|
| 需求 | 市场部门在分析宣传、推出新品以及制定其他刺激客户需求的活动中都需要用到需求预测数据 | 销售部门在制定销售目标以及根据地域和客户群体分配销售资源的时候都需要用到需求预测数据 | 财务部门在规划运营资本，以及给证券交易所或者政府提交的财务报告中都需要用到需求预测数据 | 战略方面：与原材料、配件以及固定设备供应商的长期合同都需要用到需求预测数据；战术方面：管理短期原材料、配件存货以及库存都需要用到需求预测数据 | 战略方面：与运输供应商以及仓储方面的长期合同都需要用到需求预测数据；战术方面：管理短期配送中心需求以及配送运输物流都需要用到需求预测数据 | 运营部门在制定一定范围内最高效的生产日程，以及根据市场需求计划扩张（或者缩小）产能时都需要用到需求预测数据 |
| 维度 | 品牌或者商品维度 | 从地域或者客户群体角度对品牌或者商品进行预测 | 单品维度 | 战略采购以产品预测为维度；战术采购以单品为维度 | 战略物流以产品预测为维度；战术物流以单品位置为维度 | 单品维度 |
| 跨度 | 一季度或者半年 | 一季度到一年不等 | 一个月到一年不等 | 生产提前期两年 | 生产提前期两年 | 生产提前期到两年 |
| 间隔 | 每季度 | 每季度或者每年 | 每月 | 每月 | 每月 | 每周到每月 |
| 单位 | 美元（其他任意一种货币） | 美元（其他任意一种货币） | 件 | 件 | 件 | 件 |

# 预测机制——"三面"金字塔模型

与预测维度息息相关的另一个概念就是预测机制。预测机制阐述了不同维度的预测粒度之间的相互连接情况,以及不同维度之间的关系。对于预测机制最简单的概念化方式就是图 2-1 所示的"三面"金字塔。

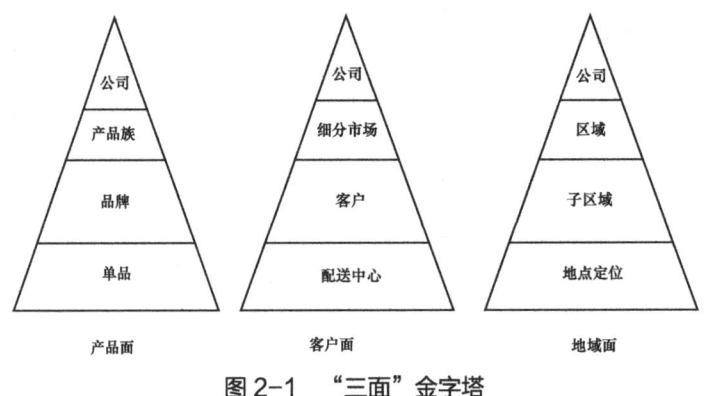

图 2-1 "三面"金字塔

例如,在可口可乐公司,有一系列以产品为导向、以客户为导向和以地域为导向的预测,每一种预测的目的都不同。以产品为导向的预测粒度最低,一般关注的问题类似 "8 月 2 升装的健怡可乐的需求预测是多少呢"。如果在产品面的金字塔中向上走一级,那么所关注的就不只是 2 升装的健怡可乐,还有 12 连包、1 升装的等各种包装的健怡可乐预测量,问题也就变成了 "8 月健怡可乐的需求量会是多少"。再往上一级,关注的就不只是健怡可乐的总需求量,还有樱桃可乐、零度可乐以及经典可乐的预测量,问题也随之变成了 "8 月所有可乐系列产品的需求量是多少"。最后,可以把可乐的预测量跟果汁系列、水系列以及公司售卖的其他产品预测进行组合,得到公司的整体预测情况。在这个阶段预测数据如果再用件数来表示已经没有意义了，所以会采用金额来表示，这对于财务规划更有帮助。

这个例子是为了说明在预测机制中，高粒度预测都是由低粒度预测上升来的，即从单品预测上升到品牌预测，从品牌预测上升到产品族预测，从产品族预测再上升到公司层面的预测。"客户面"的机制逻辑也是相通的。最底层的是配送中心（如沃尔玛的配送中心），上面是客户（沃尔玛），再往上是细分市场（客户划分的市场，即业务员分区），最终是公司（整个客户群体）。当然，"地域面"的机制也是一样的。最低粒度的是公司在某一地点的办事处（田纳西州），往上一级的子区域是美国市场，再往上是美洲市场，最后是整个公司维度。这些预测对于需求规划、供应链规划以及财务规划都有着特定的作用和价值。大多数情况下，这些层级关系在公司资源计划系统的数据结构中会有相应的定义。一些单品会被定义为"父"品牌的"孩子"，品牌则会被定义为"父"产品族的"孩子"，以此类推。客户面和地域面的逻辑也是相通的。

为什么预测机制这一概念很重要？因为只有保证预测机制各层面规划得当，以下的预测办法才得以执行：在你了解的预测层面输入信息，并在你需要的层面获取信息。第4章"定性预测法"中讨论了在整个预测过程中定性预测所承担的角色；而第5章"预测过程中注入市场信息"中，则讨论了怎样把市场端的反馈加入预测过程。大多数情况下，定性判断和市场信息都来源于销售与市场部门，这样的信息也让预测粒度比单品层面的预测粒度更高，预测整体更加丰富饱满。例如，销售人员可能不会跟客户讨论单品层面的细节问题，但是当要从品牌或者产品族层面改变需求模式的时候，销售人员可能会提供非常宝贵的意见或建议。

如果预测机制各层面规划得当，那么销售人员就可以在自己了解的层面（品牌或者产品族）输入信息，与此同时，生产部门、库存管理部门或者运输规划部门就可以从他们需要的层面（某一单品或者单品层面）中获取信息。

# 管理预测流程

针对任意特定的情况来看，有很多影响因素可以决定采取什么样的预测流程效果最好。在一些公司中，事业部之间的差别造成了预测流程的不同。下面会讨论到，在建立一个预测流程的过程中，必须对3个方面提前检查，即建立的预测流程必须对客户群体、可用数据以及正在预测的产品或者服务的性质有容差性。

**客户群体的性质**

可以想象一下两个预测项目的场景，一个是在波音公司，另一个是在好时食品公司，这两个公司都要对自己的产品进行需求预测。针对波音公司，考虑一下商用机身业务在整个公司中的比重。如果用搜索引擎搜索一下"世界上有多少条商用航线"，得出的结果大概是300条商用航线，在不考虑频率的情况下，假设这些客户都要买飞机。而针对好时食品公司，我们不要再去考虑多少客户购买好时食品公司生产的产品，就只搜索零售商的数据。搜索结果显示，有36,569家超市，再加上便利店（148,000家）、电影院以及其他卖糖的零售店，只在美国就有将近50

万家零售商。拿这两个极端场景举例的原因就是表明由于客户群体的不同，预测员在做预测的时候面临着不同的挑战。对于波音公司来说，最好的需求预测办法就是安排销售人员挨个询问他们的客户对于商用飞机的需求就可以了。而对于好时食品公司来说，想要根据数以百万计的客户群体为他们几千个单品做出最好的需求预测，办法就是对于历史的需求模式进行复杂的统计分析，之后再对统计数据进行定性判断。所以客户群体本质上的不同，对于决定最适合进行需求预测的流程存在一定的影响。

**可用数据的性质**

有效的预测需要多种数据支持，如历史需求数据、客户的宣传计划、过去以及未来的宏观环境趋势，以及竞争对手的数据。这些数据的可获得性、及时性以及完整性都能够对预测员进行范围选择造成影响。

很多公司经常面临的一个大问题就是无法获取历史需求数据。我们团队这些年来所参与过项目的公司中，很多公司都用历史发货量替代历史需求数据来进行历史需求分析。曾与我在一家化学公司共事过的一位预测员通过一个例子跟我分享了这两者的区别。试想一下这样一个场景，一位客户给一位客服人员打电话说："我要订20,000磅（1磅约为0.45千克）的苯甲酸钠（一种食品加工的防腐剂），希望可以8月给我送到。"客服人员查了一下公司的库存和生产计划，回答道："我们在8月的时候可以给您送过去15,000磅，剩下的5,000磅在9月的时候送过去可以吗？"也许是客户还有可以调整的余地，便回答道："可以，这样也行。"

这样一来，客户下的订单就变成了 8 月 15,000 磅、9 月 5,000 磅。那么问题就来了：在明年做需求预测时，8 月苯甲酸钠的需求量是 20,000 磅还是 15,000 磅呢？如果统计分析的数据来源是历史发货记录，那么历史需求数据肯定就是 8 月 15,000 磅，9 月 5,000 磅。但是你可以回忆一下需求的定义（客户在条件允许的情况下会在公司产生的消费行为），客户真正希望的送达时间是 8 月，那么 8 月的需求量就应该是 20,000 磅。在现实情况中这个问题其实很好解决——在订单上标注 8 月下单 20,000 磅，9 月延期交货 5,000 磅就可以了。但如果是下面这种情况，那么结果就完全不同了。前提一样，客户打电话说 8 月要 20,000 磅，客服人员协调是否可以 8 月送达 15,000 磅、9 月送达 5,000 磅。而这次不同的是，客户并不通融，并表示："不用了，8 月我从你们这进 15,000 磅，剩下的 5,000 磅我从别家那里买就可以了。"在这种情况下，订单记录上并不能显示 8 月原来的需求量其实是 20,000 磅这一信息。这种情况就很不好解决了。公司可以也应该针对那些无法满足的需求建立"跑单"记录，但是这样做的公司少之又少。这个例子想表达的就是需求数据本身的质量可能会造成预测数据质量降低，公司必须建立对应的流程来克服这一缺陷。

数据的可用性可以影响预测有效性的另一个例子就是数据能够影响促销活动给需求带来变动的预测。正如第 3 章会讨论到的，这是对于回归分析的应用，就是预测员会试着衡量某一自变量对于一个产品整体需求的历史影响。回归分析中的普遍做法就是把不同种类的宣传活动设置为自变量。但是，如果预测员不了解这些宣传活动的细节，那么就无法进行这样的分析。最后，如客户的意图、竞争对手的动作以及像人口或者经济项目这种大环境的趋势等定性数据的可获得性和质量，对于预测员来说都不是定数。在这些案例中，数据的可获得性、质量以及细节程度都会对预测流程造成影响。

**产品或服务的性质**

20世纪80年代中期，我在美国国际商业机器公司（IBM）的销售部门工作，也是通用汽车公司（GM）项目部的一员。IBM为GM提供很多产品和服务。如果要阐述产品性质对于预测流程的选择能够造成怎样的影响，那么有两种产品是一定要说的，就是个人计算机和大型计算机。对于个人计算机来说，IBM向成千上万的公司客户和数以百万计的个人客户售卖过数以百万计的个人计算机。一个难点是要预测未来的"运营率"，或者说之后每个月的个人计算机的需求量会是多少。另一个难点在于要预测"混合率"，或者说在诸多种型号的计算机中，哪种型号的计算机是客户需要的。在这种情况下，应该采取的预测逻辑是对于历史需求的统计分析，加上销售团队的定性判断。对于另一个产品——大型计算机来说，此产品单价较高，能够达到数百万美元，采购过程也需要IBM和其他竞争对手通过需求建议书进行投标。所以针对此产品预测的难点在于测算IBM能够中标的可能性，理想的预测过程需要销售团队的大量参与。这种"项目化"的业务非常常见，而它所面临的不确定性主要在于"中标"的可能性、中标之后项目中所涉及的各项产品，以及客户要求的产品送达时间。无论是IBM所面临的挑战，还是前文中提到的波音公司以及好时食品公司所面临的挑战，都是由产品性质来决定哪种预测流程更合适。

产品或服务的性质能够决定预测流程的另一种方式在于推出新品/新服务的频率。有两个来自我们团队曾经参与过项目的公司的例子，很好地阐述了这一现象。迈拓公司是一家计算机行业的硬盘驱动器制造商，于2006年被希捷科技公司收购。在科技更新迭代十分快速的时代背景下，迈拓公司产品的生命周期都不超过6个月。无论是新研发的产品，还是原有产品的升级，新品的推出从未停止，这一过程需要非常复杂的"引入/撤出"预测与规划。另一个例子来自安利公司，该公司是一家涉猎广泛，从化妆品到营养品再到清洁产品的直销公司。新品持续推出且难以预测，尤其是化妆品业务领域。其实每家公司都要推出新品，但是每家公司推出新品的力度，以及相关的不确定性都是各不相同的，因而每家公司需要采用的预测流程也大不一样。

产品或服务的性质还有一种能够决定预测流程的方式就是被预测产品/服务的"货架期"。例如，我们团队几年前曾参与过一家生产隐形眼镜的公司的项目。该公司产品的生产过程可谓重金生产，其中任何的转变都要尽量最小化以保证那些昂贵的仪器能够维持最佳产出的运行状态。产品的货架期比较长，而且因为产品本身体积小，储存成本比较低。这一系列的特征带来的结果就是公司在预测和规划的过程中对于单品的预测准确性要求比较低，因为与根据客户需求调整生产过程比起来，这家公司更愿意选择完成昂贵的生产过程然后把成品放到库存中去。

总而言之，业务的性质决定了最佳的预测流程。适合一家公司的预测流程未必就适合其他公司，因为各家公司的客户群体、可用数据和产品/服务都不同。事实上，一家公司内部不同部门之间所采用的最适合的预测流程都有可能不同！霍尼韦尔公司就是这样。这家公司的部分业务是存货建造式的，通过零售商把成品卖给客户，所以针对这部分在做预测的时候就采用复杂的统计分析模型加上销售团队定性判断的流程。但除此之外，霍尼韦尔公司也有项目型的业务，需要就某一涉及成百上千种不同产品的长期合同与其他公司竞标。显然，这两种业务所适合的预测流程肯定是不同的。

## 预测系统的角色

21世纪的各行各业，信息系统支撑着公司机制的运转，公司各部门也在信息技术的支持下运转得更加高效。需求预测作为公司的关键职能之一，亦是如此。信息系统在需求预测中有以下3个关键的职能。

（1）统计引擎。第3章将讨论对于历史需求进行统计分析所能带来的价值。在过去的几十年间，统计学家一直孜孜不倦地设计各种复杂的算法来识别历史需求中存在的模式。这些算法大都工程量巨大，单靠人工计算是无法得出结果的。万幸的是，计算机程序的出现不仅能够处理复杂算法中的大量数据，而且还能够筛选出最能够代表历史需求的算法。所以，很显然，如果没有需求预测软件中的"引擎"，人们就无法获得统计模型所带来的巨大价值。

（2）数据组织。在第3、4、5、6章中将讨论大量需要进行组织、协调，并提供给需求决策者的数据源。以下列出的5个部分对于预测员来说是十分实用的数据信息。

第一，基础统计预测。

第二，市场或者品牌管理部门的调整。

第三，销售部门的调整。

第四，客户端反馈的预测数据。

第五，历史预测准确性和偏差指标。

对于预测员来说，一个难题就是要把这些不同来源的数据进行组织，以便在预测流程中可以高效运用。信息系统的作用就是保证公司和预测员在尽力做出最佳决策时，能够获得所需要的数据。

（3）数据沟通。信息系统除了能在预测流程中整理输入的信息之外，还能将预测结果输出给使用者或者使用部门，以便他们根据预测数据进行下一步的规划。前文表2-1只列出了公司需要预测数据的几个部门，但正如第1章中所说，像客户和供应商等角色作为预测数据的外部使用者，也需要这一数据来对他们自己的业务进行更恰当的规划。因此，对于需求预测系统来说，很关键的一部分功能就是能够与其他公司的系统相连，给上游和下游的使用者们提供预测信息。

图2-2是对于需求预测系统如何融入公司整体信息系统的高度概述。此图涵盖了两个主要的架构思考点：一个是专家管理型数据仓库在保证需求预测流程的有效性中起着至关重要的作用，因为导致需求预测可信度低的因素之一就是人们对预测过程中被分析数据的真实完整性持有怀疑态度，而专家管理型数据仓库的作用就是能够保证被分析数据的真实完整性；另一个是公司内部其他部门的支撑系统，如物流、生产规划、财务、销售、市场等，都应该与需求预测"无缝衔接"。换句话说，就是数据密钥更新得越少，或者说数据从一个系统转移到另一个系统的次数越少，越好。第7章会进一步讨论这个话题。

需求预测是一种管理过程 ▍02

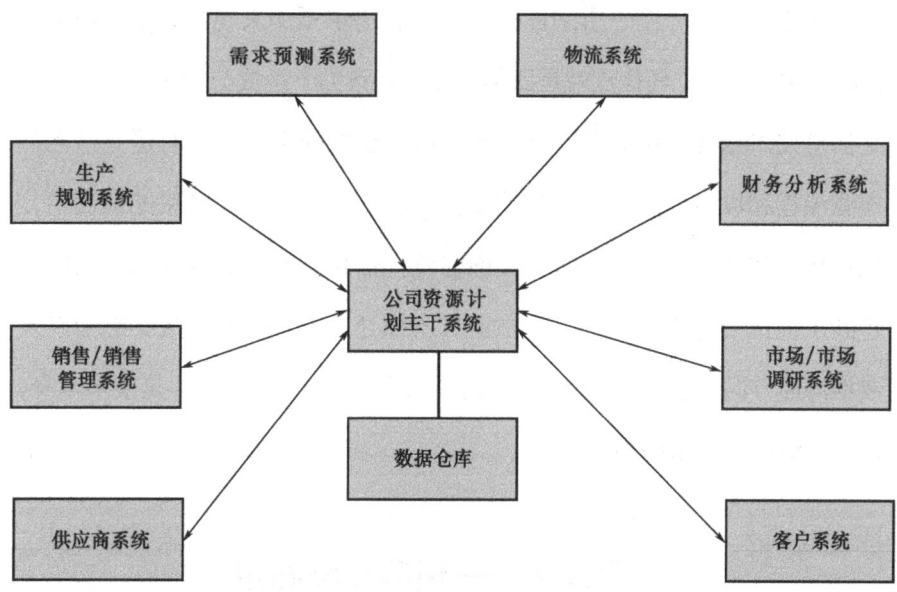

图 2-2　需求预测系统融入公司整体信息系统

在结束需求预测系统这个话题之前，我必须着重强调至关重要的一点：系统不是"尚方宝剑"。我在一家又一家公司中发现的一个通病就是他们试图通过技术手段来修补失败的预测。例如，我们曾在 21 世纪初参与过项目的一家公司，他们所生产的客户导向型产品在超市和药店均有出售。在向我们团队寻求帮助之前，这家公司在一套十分复杂的预测系统上投资超过 50 万美元，但是预测系统运行了几个月之后，预测团队发现他们的平均预测准确率反而较之前有所下降，这个结果让他们百思不得其解。在采访了公司的多名员工之后，我们团队发现问题根本就不是出在预测系统上，而是出在变革管理上。打个比方，我们曾采访的销售人员跟我们说："既然我们在这个新软件上投了这么多钱，那么就应该代表我们对预测上的事情完全不用操心了才对。"基本上之前做需求预测的人员都相信新型的预测软件可以取代人工，成为"尚方宝剑"，但其实不是。这个例子所阐述的就是对于需求预测来说，第 1 章中所讨论的文化价值观，具体点就是团结协作以及致力于达成公司的共同目标，比信息技术重要得多。但不幸的是，很多公司通常是在没有建立适当的预测流程和没有建立团结协作的文化所必需的变革管理策略的情况下，就直接使用了信息技术。所以，很显然，信息技术在需求预测方面的确起到了很重要的支撑作用，包括前文所描述的统计引擎、数据组织以及数据沟通方面，对于保证需求预测的质量来说都十分必要，但是技术本身，并不能解决需求预测的问题。

## 预测方法——预测三脚画架

在本章开始的时候，我提到了我们团队曾发表的一篇文章，叫作《提升预测的 7 个要诀》，这 7 个要诀中的一个就是"要知道预测是什么、不是什么"。预测，是一种管理过程，不是统计分析的运用实践。真正好的预测并不是"找到一个最好的统计算法，问题就迎刃而解了"这么简单。本节引入预测方法的话题。这一话题会在第 3 章和第 4 章中深入讨论。

预测方法分为两种：定量预测法和定性预测法。定量预测法是通过对历史数据分析进而探索需求模式。有一些需求模式可以被识别是因为它们在某些时候进行着可预见的重复。例如，游船在春夏季节的需求比在冬季的需求要高得多。通常来说，针对这种随着时间重复的需求模式，时间序列法是比较合适的一种统计方法。还有一些需求模式被识别出是因为某些可量化的变量对于需求有着可预见的影响。例如，可口可乐公司的产品对于促销活动的反应比较敏感。如果杂货店的可乐打折，那么顾客就会多买。通过回归分析法可以计算出这样的促销活动可以使销量"上升"多少。第3章中会涉及一些时间序列法以及回归分析法对于需求预测能够起到的作用。在时间序列法和回归分析法这两种方法下，预测员其实都是在使用统计方法来探索历史需求中的模式。如果能够探索出模式，那么这些模式就可以用作未来的需求预测。

但是有一点要注意，就是这些定量的预测方法并不足以达成优质的需求预测。因为如果你能保证未来与过去完全相同，那么你连对历史需求的统计分析都不用做了。正因为这样的情况太罕见，所以才需要定性预测法来对统计分析进行补充。定性预测法能够很好地回答"公司认为未来的发展与过去会有何不同"这一问题。如果你认为未来与过去不会有什么不同，且定量预测可以成功地发现历史需求模式，那么这些统计出来的预测结果就是你所期望的完美"猜测"。但是，要想保证预测的质量，就要回答"未来与过去会有什么不同"这一问题，而定性判断则可以为整个预测流程提供补充。

第4章讨论的就是定性预测法。一些类似于德尔菲法的定性预测方法主要适合长期的、战略性的预测。一些预测方法，如销售人员意见汇集法，既适合短期的运营预测，也适合战略性预测。还有一些预测方法，主要适合预测新品，或者对新版本替代旧版本的"引入/撤出"过程进行预测。第4章会对每一种方法的优势和劣势都进行深入讨论。

想要把预测看作管理过程的一个关键因素，就是要意识到，在大多数情况下，这些预测方法（无论是定量还是定性）本身都不足以达成高质量的预测。图2-3对定量和定性预测的关系进行了解释，并呈现了把这两种不同方法融合在一起的过程,我把它称作"预测三脚画架"。高质量的预测由画架的三条腿支撑:统计预测、定性判断以及融合过程。融合过程要把相应的责任人都聚集起来,一起得出公认的最佳预测结果。三条腿缺一不可,否则画架就倒了,预测质量也无法保证。有关统计技巧,详见第3章;有关定性判断,详见第4章;有关融合过程,详见第8章。

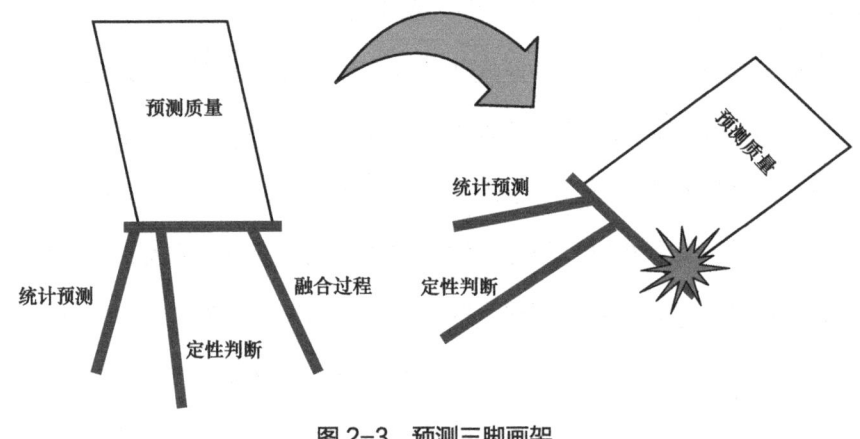

图 2-3　预测三脚画架

## 绩效评估的必要性

有一句管理方面的老话,彼得·德鲁克(Peter Drucker)和爱德华兹·戴明(W. Edwards Deming)引用过,是这样说的:"如果你无法评估它,你就无法管理它。"幸运的是,预测是一种可以被评估的管理过程,而且为了保证它对整个公司供需关系集成文化的有效贡献,预测也必须要被评估。第6章将对预测的绩效评估进行深入分析,我仅在这里提前列出3个要点。

(1)预测表现应该从两个维度来评估:准确率和偏差率。

（2）评估准确性可以带来直接的功能性结果（如在计算安全库存的时候可以直接用来代替需求不确定性这一数据）和间接的激励性结果（正如"有评估才有奖励，有奖励才有动力"）。

（3）没有人会因为这家公司擅长预测就买该公司的股票。预测准确性是一种流程指标。只有当它可以转换为结果指标时，如库存周转率、供应比率、运输或者原材料成本减少量，或者最根本的利润率，才会变得引人注目。所以只有保证预测质量的提高能够对这些重要的结果指标产生正面影响，对于预测质量的投资才有意义。

所以，就像其他管理过程一样，必须建立关键绩效指标（Key Performance Indicator，KPI）来进行绩效评估。第6章会深入探究如何计算这些衡量标准，以及如何通过它们来提高全公司的绩效。

## 小结

本章对作为一种管理过程的需求预测进行了讨论，以下5点是本章的重点。

（1）预测是一种管理过程。预测不是目标、不是规划、不是软件，也不是统计学的运用实践。

（2）业务的性质决定预测流程的性质。所有业务在产品、客户群体、可获得数据以及人员方面都各不相同。每一个预测流程都会因为这些不同而产生细微差别。尽管如此，你在本书中依然可以找到一些适用于所有预测过程的指导原则。

（3）系统不是"尚方宝剑"。很不幸的是，一家公司买得到系统，买不到高质量的预测。公司可以通过购买系统来辅助预测过程提升质量，但是预测系统本身并不能造就高质量的预测。

（4）定量预测和定性预测都很重要。定量预测可以有效地帮助公司理解过去发生了什么。定性预测可以有效地帮助公司预见未来和过去会有什么不同。两种预测都十分关键。

（5）有评估才有奖励，有奖励才有动力。尽管对预测进行绩效评估很难，但是像其他管理过程一样，预测必须进行绩效评估。

谨记以上这些重点，我们接下来进入定量预测，或者说统计预测的部分。

# 03

## 定量预测法

如果你是第一次拿起这本书就直接跳到本章，想学习关于统计预测方面的深层次的知识，包括公式、假设和数据要求等，那么我建议你把这本书放回书架然后换一本书，有很多书都可以给你提供这方面的知识。那些优秀的书可以给你提供从博克斯－詹金斯模型，到傅里叶分析，再到光谱分析、自回归滑动平均模型等很多预测方法的指导，而且统计的确是保证预测质量的重要因素。但是，这些并不是这本书要给你提供的。

本章主要阐述统计学，或者说定量预测法背后的原因，以及管理者们如何定义统计预测在整个需求预测过程中能够以及应当扮演的角色。本章会涵盖一些预测员经常使用的比较初级的统计预测法，并剖析这些预测法隐藏的陷阱。当然也会涉及一些比较复杂的统计模型，并且对21世纪统计软件是如何帮助分析者选择正确的预测模型进行讨论。本章还会总结对历史需求进行统计分析的好处，以及对过度依赖统计模型给出适当的建议。

## 定量预测的角色

定量预测就像是在看"后视镜"。统计预测，或者说定量预测的整体思想就是回顾历史，寻找并记录需求模式。第2章中提到好时食品公司的案例，好时食品公司的需求规划员可以查看他们的历史需求模式并且获得一些重要信息。其中一条信息就是他们会发现在每年的一些特定时段，好时巧克力系列产品的需求会飙升。万圣节前的几周是需求高峰期，节后的几周则是低谷期。同样的现象也发生在情人节（尽管需求浮动的单品可能和万圣节不同）和复活节前后。还可能发现的一条信息就是某些单品、品牌或者产品族的需求出现整体上涨（或者下滑）的现象。还可能观察到的就是产品促销时需求量会骤然飙升，同类竞争产品有活动时需求量就会呈现低谷。统计分析不仅能够帮助预测员发现这些需求模式，还能够帮助他们预见每一次需求高峰或者低谷的规模以及持续时间。

统计分析可以发现并预见两种需求模式。第一种模式就是时间类型的模式。如好时食品公司的例子中，由万圣节或者复活节引起的需求高峰就是时间类型的模式。任何整体性的需求上涨（或者下降）也是时间类型的模式。想要发现并且预见这种需求模式，可以通过时间序列统计法。第二种模式就是除了时间之外能够对需求造成影响的其他因素。宣传活动就是典型的"其他因素"的一种。如果好时食品公司在万圣节前一个月开始进行广告宣传，那么需求（有希望）会因为这个宣传活动而增加。而需求规划员则需要知道这场宣传活动能够使需求增加多少。针对这类问题的最佳解决办法就是进行回归分析，需求规划员可以使用回归分析了解到过去这样的广告宣传或者其他宣传活动是否对需求造成了影响，以及造成了多大的影响。无论是时间序列法还是回归分析，需求规划员都在看"后视镜"，通过过去发生的事情来探索需求模式。一旦确定了模式，你就可以把它们运用到未来的预测中，这样，你就能得到预测结果！

## 时间序列法

我在这里对时间序列法再进行一次解释。时间序列法，是用于探究以往随着时间重复的需求变化中所蕴含的需求模式，是算法的一种。时间序列法试图从历史需求中探索并且预见的3个模式分别是趋势型、季节型和噪声模式。

（1）趋势型模式。趋势型模式是一种持续的需求增长或降低模式。趋势可以是直线型（图3-1A部分），也可以是曲线型（图3-1B部分）。

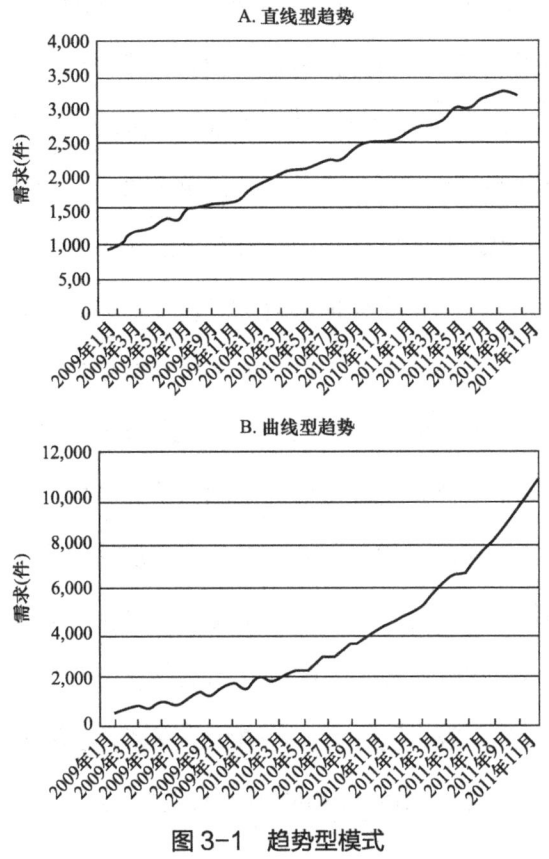

图3-1　趋势型模式

（2）季节型模式。季节型模式是需求重复性地增加或者减少的模式。通常，对于季节型模式的界定是一年之内发生的重复性模式，而周期型模式则是一年以上发生的重复性模式。图3-2对季节型模式进行了描述。

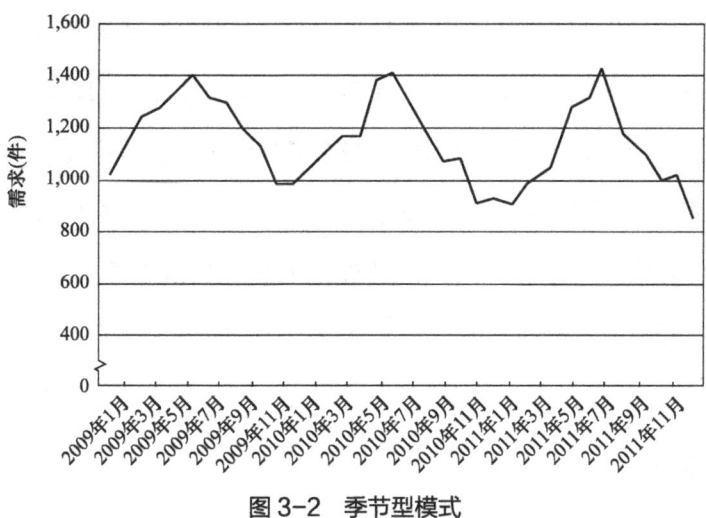

图 3-2　季节型模式

（3）噪声模式。噪声模式代表的是无规则的需求变化，包含了趋势型模式和季节型模式无法识别出来的历史需求变化。图 3-3 中的噪声模式显示无法识别任何趋势型模式或者季节型模式的规律。大多数需求模式都或多或少包含噪声模式，无规则浮动的程度越低（也就是噪声程度越低），该产品或者服务的未来需求就越可预见。

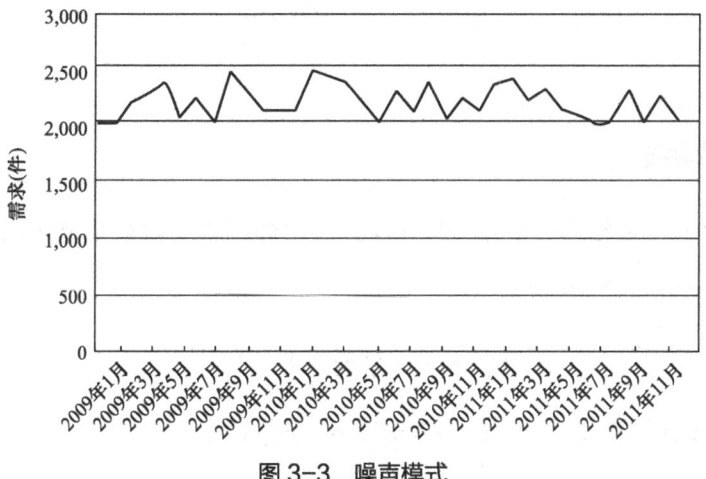

图 3-3　噪声模式

让事情变得复杂的一个因素就是,在一个产品或者服务的历史需求图中,这3种模式通常是一起出现的。该产品或者服务的整体需求趋势可能是在上升,但同时还会出现一些季节性变化,并伴有无规则的噪声模式。对于预测员来说,挑战就在于要在这样的情况下找到最贴切的时间序列的算法,之后用于确定数据模式。我们先从非常简单的方法开始,然后再介绍复杂一些的方法。

**朴素预测法**

时间序列法中最简单的方法就是朴素预测法。所谓朴素预测法就是预测员将最邻近的一段时间的数据作为未来同等时间段的预测结果。换句话说,如果预测员采取的是朴素预测法,那么2月、3月、4月、5月等月的预测数据都和1月的历史数据相同。过了一个月之后,在2月的时候,3月、4月、5月等月的预测数据又会和2月的历史数据相同。显然,这一预测法对于历史需求的趋势型、季节型或者噪声模式等因素完全没有任何考量。所以,这一方法被采用的情况较少。

**简单平均法**

除了朴素预测法之外,时间序列法中最简单的就是简单平均法了。简单平均法的数学公式如下。

$$预测\ t+1 = 平均需求 = \sum_{t=1}^{N} \frac{D_t}{N}$$

$D$ 代表需求,$N$ 代表计算需求数据的时段数。

也就是说,在使用简单平均法时,无论是下个月,还是未来每个月的预测数据，都是之前月份需求数据的平均数。

有一种特别适合以简单平均法作为预测方法的需求模式，那就是随机数据模式（噪声模式），没有任何趋势型或者季节型模式可言。图3-4阐述了在简单平均法下如何处理这种数据。在图3-4以及本章之后所有的图中，"预测"数据点代表的就是之前所有"需求"数据点的平均值。例如，如果某位预测员预测的是2011年1月的数据，而之前所有月份的平均值是2,209件，那么其所预测区间内所有时间点（2011年2月、3月、4月等）的预测结果都是2,209件。如果他现在做的是2011年8月的预测数据，那么预测区间内所有的预测结果就是2,209件。

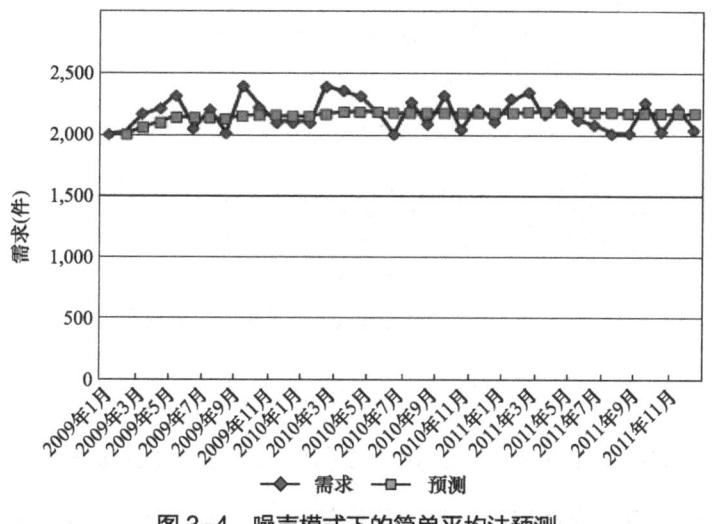

图3-4 噪声模式下的简单平均法预测

当只有噪声模式这一种模式的时候，峰值和谷值相抵，之前需求的平均数是数据分析之后能得到的最好的预测结果。除了这种特殊情况，在其他情况下使用简单平均法还是有一些隐患的。

有一种不适用简单平均法的需求模式就是趋势型模式，无论是上升趋势还是下降趋势。图3-5绘出了这种需求模式，其最低点取的是平均值。

在图 3-5 中，预测结果与真实需求的偏差逐步扩大。从算法的角度来解释就是因为之前的月份用的都是简单平均法。例如，当预测员在做 2011 年 11 月的数据时，其对于 2009 年 1 月到 2011 年 10 月所有月份的数据都进行了平均取值。正是因为每一个月的数据都在升高，所以越到后面，预测结果与实际的差值越大。

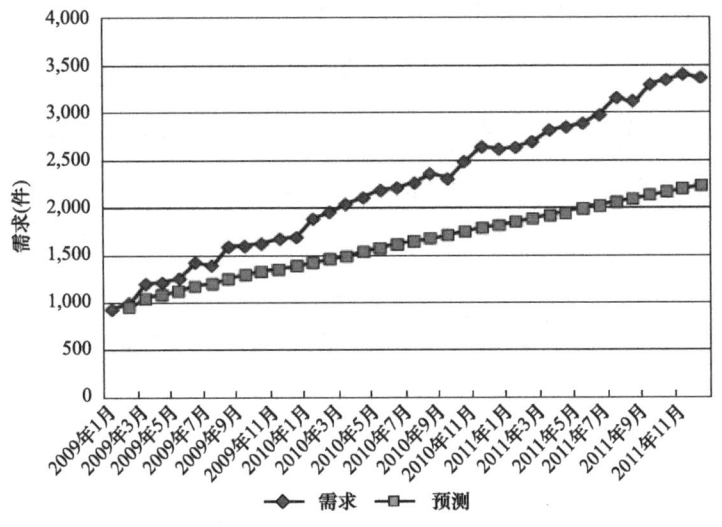

图 3-5　增长趋势型模式下的简单平均法预测

另一种不适用简单平均法的模式就是季节型模式。图 3-6 对这一问题进行了解释。在图 3-6 中，预测数据依旧采用的是之前所有数据的平均值。由于第一个峰值后紧跟的就是第一个谷值，所以预测所采用的平均值基本平稳，预测结果的走向与噪声模式下的走向比较类似。所以，很显然，简单平均法并不适合季节型模式的预测。

简单平均法不适用的最后一种模式就是综合了上面 3 种模式的混合模式。如图 3-7，在 2010 年 1 月的时候，需求突然发生巨大变动，可能是由于某一竞争对手突然倒闭，也可能是由于开拓了新市场。无论什么原因，需求突然从 2,400 件飞跃至 3,100 件。如果此时使用简单平均法预测，那么接下来 2010 年 11 个月的预测数值肯定会比需求值低。尽管预测数据会逐渐向变动后的需求数据靠拢，但是永远无法与实际需求数据接近或者吻合。原因是什么呢？就是因为使用了无关的数据进行预测。

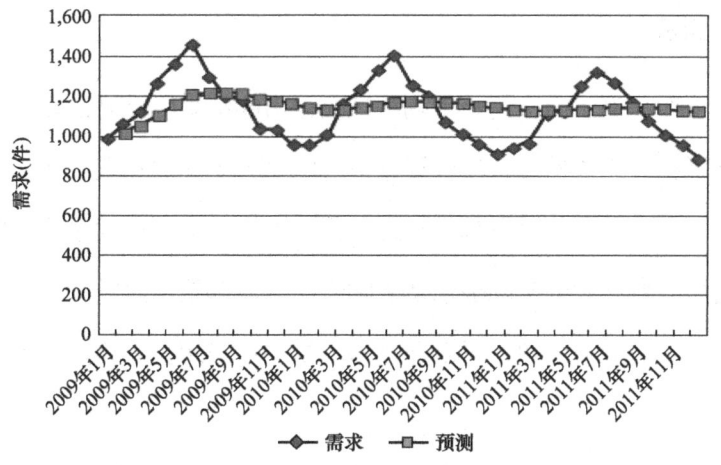

图 3-6　季节型模式下的简单平均法预测

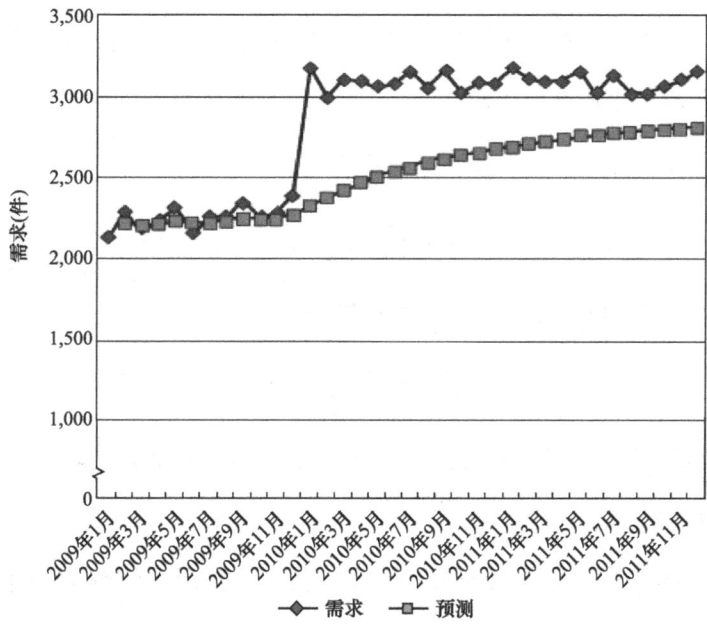

图 3-7　混合模式下的简单平均法预测

如果使用简单平均法进行预测,那么从2009年1月开始的所有数据都会被囊括进来。但是在2010年变动之前的数据其实完全是无关数据,所以会导致预测结果不准确。

**移动平均法**

在上面的例子中,简单平均法预测得出的结果不准确是因为有过时的以及不相关的数据掺杂在计算过程之中。图3-5中预测结果随着趋势的上升与实际需求偏离得越来越远,图3-7中的混合模式之下,预测数据与发生巨变之后的实际需求从未吻合,这些都是由过时和不相关的数据造成的。而这一问题,可以通过移动平均法来解决。移动平均法的计算公式如下。

$$F_{t+1} = \frac{[D_t + D_{t-1} + D_{t-2} + \cdots + D_{t-(N-1)}]}{N}$$

$F_{t+1}$ 代表 $t+1$ 时间段内的预测值,$D_{t-1}$ 代表 $t-1$ 时间段内的需求,$N$ 代表计算移动平均的时段数。

如,3个时间段内的移动平均数如下。

$$F_{t+1} = \frac{(D_t + D_{t-1} + D_{t-2})}{3}$$

同样,4个时间段内的移动平均数如下。

$$F_{t+1} = \frac{(D_t + D_{t-1} + D_{t-2} + D_{t-3})}{4}$$

当预测员使用移动平均法时,可以自行选择采用数据的时间段范围,把无关数据剔除。

图3-8呈现了在一段上升趋势型模式下,采用3种不同时间段的移

动平均法进行预测所呈现的效果。

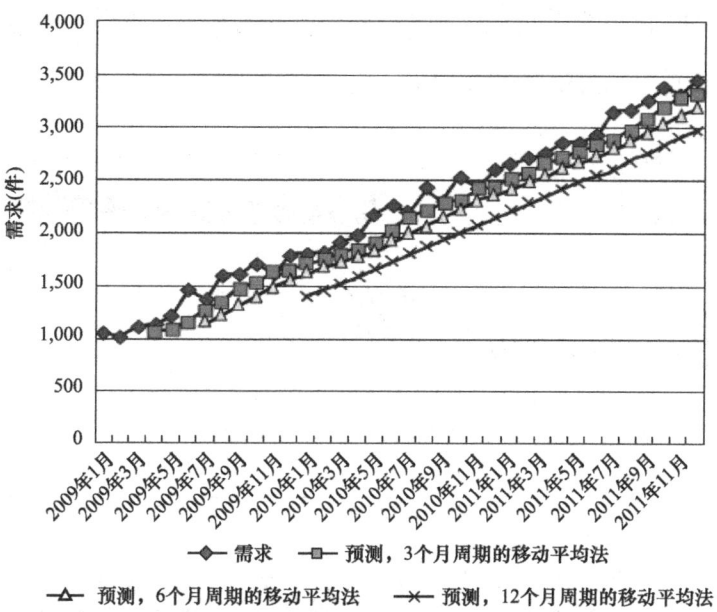

图 3-8　上升趋势型模式下的移动平均法预测

3 个月周期的移动平均法的预测数据虽然比实际需求稍微低一些，但是始终紧挨着实际需求的走势。6 个月周期的预测数据虽然也贴着实际需求的走势，但是离得要远一些，12 个月周期的预测数据同理。由此可见，在这种线性趋势的模式中，无论是上升趋势还是下降趋势，时间段越短的移动平均预测数据越贴合真实数据。

另一种在简单平均法中受到过期和无关数据影响的需求模式就是混合模式（图 3-7）。在这种模式下，简单平均法得出的预测数据与发生巨变之后的新数据虽然接近，但永远无法贴合。而移动平均法在这种情况下的预测效果更佳，如图 3-9 所示。

在图 3-9 中，3 个月周期的预测线条非常快速地向巨变后的实际需求线靠拢（本例中仅用了 3 个月）。6 个月和 12 个月周期的预测线条则靠拢得慢一些，尽管如此，最终即便是 12 个月周期的预测数据也与发生巨变后的实际需求贴合了。显然，对于某些需求模式来说，移动平均法弥补了简单平均法中存在的一些缺陷。

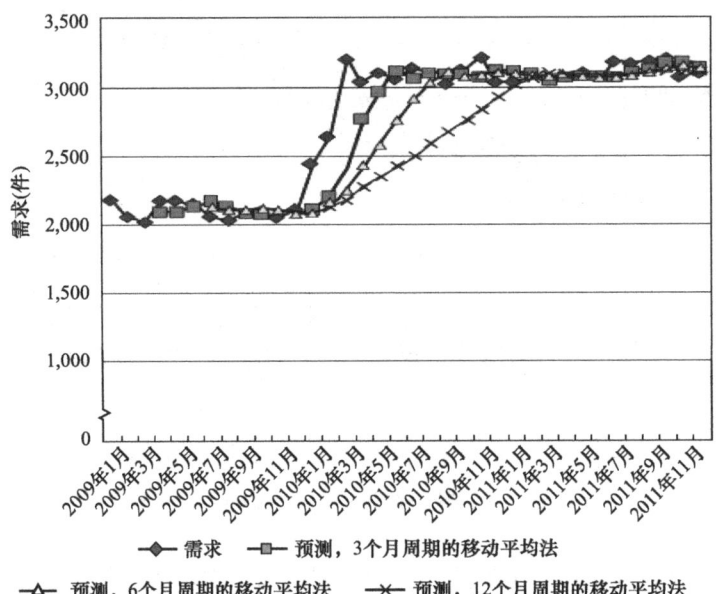

图 3-9　混合模式下的移动平均法预测

但是，并不适用所有需求模式，例如季节型模式。如图 3-10 所示，无论是 3 个月周期，还是 6 个月或者 12 个月周期的预测数据，都无法与实际需求贴合。3 个月周期的预测数据变动趋势的确与实际需求吻合，但是顶峰值与谷值的出现时间比实际需求晚了约 3 个月，而且上下浮动较实际需求平缓。同样，6 个月周期的移动平均预测值较实际需求也延后了，整体浮动甚至比 3 个月的预测数据的浮动还要小。12 个月周期的预测数据高低相抵，整体效果看起来像是简单平均法预测得出的一样。所以，移动平均法对于季节型模式并不适用。由于季节型模式十分常见，所以移动平均法也不必成为必需的预测办法。

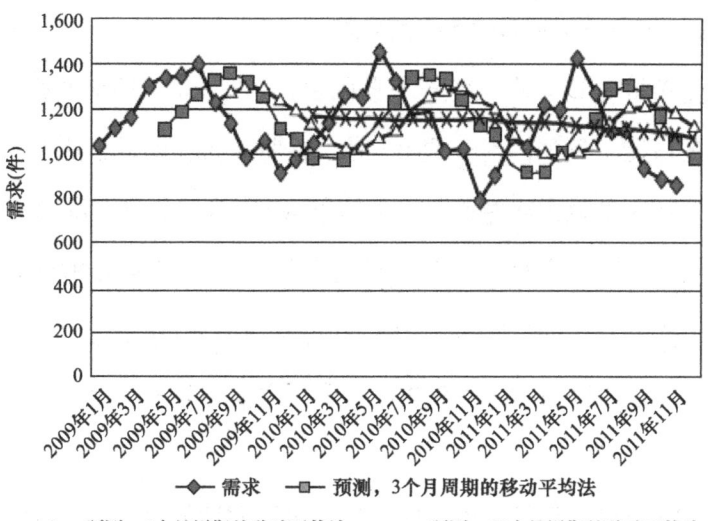

图3-10 季节型模式下的移动平均法预测

## 指数平滑法

上文中讨论了移动平均法能够十分有效地剔除过期以及无关数据，减少其对预测结果的影响。但这种预测方法也只能被评为"钝器"，因为它对于取值时间段之外的历史数据完全不给予任何参考。而指数平滑法，则是一种与之不同的、更加复杂的但也能够更加灵活地运用历史数据的预测法。在指数平滑法中，预测员可以决定近期和远期数据的比重。在移动平均法中，只有"是"和"否"——采用这批历史数据，还是不采用。但是在指数平滑法中，预测员可以根据判断，来对历史数据进行比重分配。

指数平滑法的计算公式如下。

$$F_{t+1} = \alpha D_t + (1-\alpha) F_t$$

$F_{t+1}$ 代表 $t+1$ 时间段内的预测数据，$0 < \alpha < 1$，$D_t$ 代表 $t$ 时间段内的

需求数据，$F_t$ 代表 $t$ 时间段内的预测数据。

这个希腊字母"$\alpha$"看起来有些陌生，你可以把它简单理解为近期需求数据的占比。例如，当 $\alpha$ 是 0.1 时，近期数据占比则非常小，也就是说各阶段历史数据占比差距不大。而当 $\alpha$ 是 0.9 时，就意味着近期数据占比很大，远期历史数据占比较小。这种预测方法之所以被称为指数平滑法是因为等式的第二项——$(1-\alpha)F_t$——中包含了最近时间段的预测数据。而最近时间段的预测数据中包含了之前时间段的历史数据，进而形成了指数型算法。

我们可以通过例子来更好地理解 $\alpha$ 的不同取值对预测数据的影响。图 3-11 所示的是混合模式，这种模式下 $\alpha$ 取值不同的效果非常明显。当 $\alpha$ 取值为 0.1 时，各项历史数据比重几乎相同，相应的效果就是预测结果与简单平均法十分类似——预测数据随着时间的变化逐渐接近实际需求，但是永远无法贴合。我们再看另一种极端情况，当 $\alpha$ 取值为 0.8 时，最近时间段的数据占比非常大，预测值很快与巨变之后的需求数据吻合。所以，在涉及巨变的混合模式下，$\alpha$ 取值越大越好。

图 3-12 中的案例与之前的都不同，既不是趋势型，也不是季节型，而是纯噪声模式。在这个例子中，当 $\alpha$ 取值比较大，如 0.8 时，近期数据的占比就比较大，预测对于噪声模式下的需求变化反应速度也比较快。实际上，就是预测数据一直在"追着噪声模式走"。而当 $\alpha$ 取值比较小，如 0.1 时，预测结果就与简单平均法得出的结果十分相似了。正如图 3-4 所示，简单平均法得出的结果几乎是噪声模式下所能得出的最好预测结果了。所以，得出的结论就是，噪声模式下 $\alpha$ 的取值越小越好。

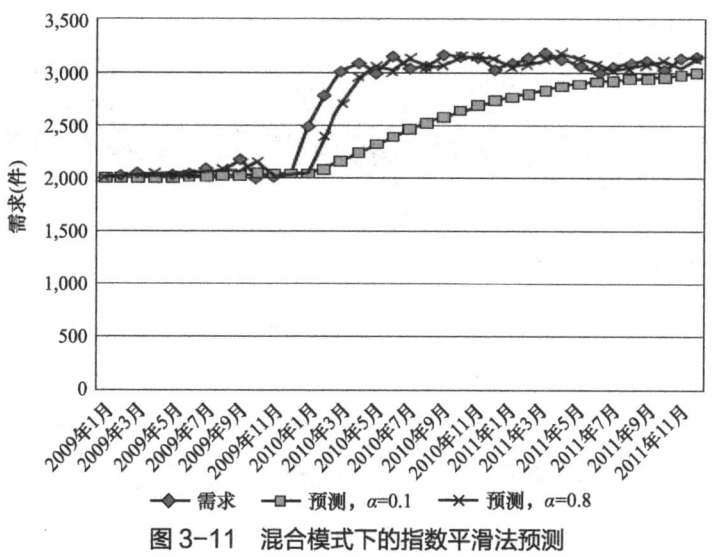

图 3-11 混合模式下的指数平滑法预测

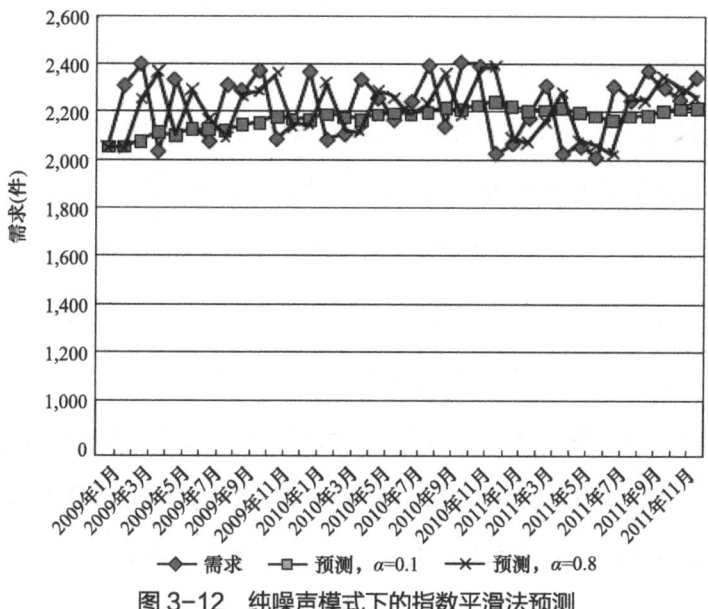

图 3-12 纯噪声模式下的指数平滑法预测

最后一个案例是关于季节型模式下的指数平滑法预测效果。图 3-13 中的需求模式是十分明显的季节型模式。当 $\alpha$ 取值为 0.1 的时候，预测效果与简单平均法下的预测效果相似。

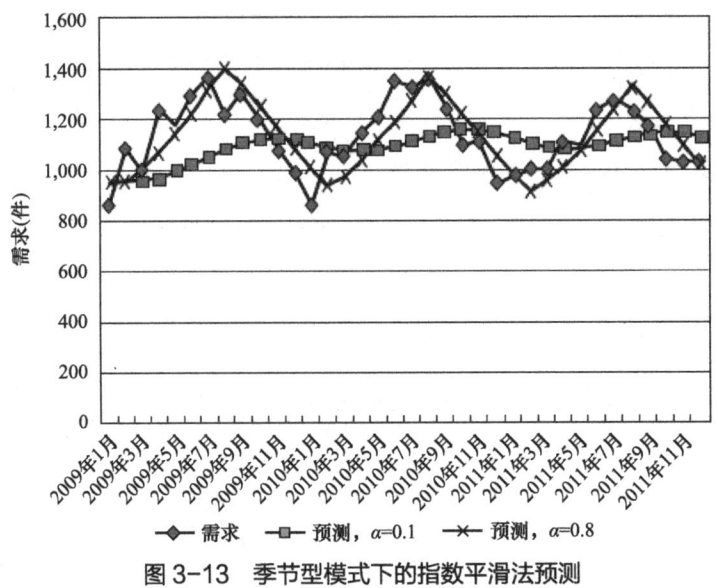

图 3-13　季节型模式下的指数平滑法预测

需求的峰值与谷值相抵，预测数据基本是一条横直线。而当 $\alpha$ 取值为 0.8 的时候，预测数据紧跟实际需求，但是由于时间上存在一定的延后性，所以导致预测需求的峰值和谷值无法与实际需求吻合。

这样说来，指数平滑法的确克服了简单平均法和移动平均法的一些不足，而且 $\alpha$ 可在 0 和 1 之间调节，预测员可以根据需求模式的不同来调节 $\alpha$ 的值。那么怎样对 $\alpha$ 进行最佳取值呢？首先，自适应指数平滑法可以通过精确到小数点后两位的计算来帮助你对 $\alpha$ 进行精准取值。当然，也会有一些其他因素使需求模式变得复杂，使我们对于需求数据预测不得不更灵活。例如，对于趋势型模式来说，一种叫作趋势指数平滑法的算法则比较适合，这种算法除了包含平滑常数 $\alpha$ 之外，还包含一个趋势常数 $\beta$。除了趋势型模式之外，一些案例中还涉及趋势型和季节型模式混合的情况，此时，带有趋势常数 $\beta$ 和季节常数 $\gamma$ 的指数平滑法则更为适合。当然，你还可以通过自适应法将以上两种算法转化为带有趋势常数的自适应指数平滑法和带有趋势常数以及季节常数的自适应指数平滑法。在这里，我要再次强调一下我在本章开始时说的内容——本书并不会对那些复杂的统计学算法或者历史需求建模进行完整论述或者细节化分析。如果你想要了解这方面的内容，有其他已经出版的书可以满足你的需求。

对不同的时间序列法进行讨论之后，需求预测员其实还面临着一些问题。第一个问题是"我到底怎么选择预测方法"。幸运的是，对于21世纪的预测员来说，完全不用担心这个问题，因为预测软件会帮你们做出选择。第2章讨论过预测系统的一些主要功能，其中一项功能为预测的"引擎"。对于如今的预测系统来说，这一引擎的功能已经十分"专业"了，它能够根据历史需求数据筛选出最适合的预测算法。无论预测的维度是单品、品牌还是产品族，预测系统创建预测的步骤都如下所述。

（1）获取历史需求数据。首先，我们理想化地希望历史需求数据能够反映真实的需求，而非只是销售数据。其次，历史需求数据最好充足，能够让我们通过不同的算法判定需求模式，因为算法都是要根据不同的历史需求数据点来测算参数的。最后，这些历史需求数据最好是储存在定期更新的数据库中。如果历史需求数据本身不够准确、可信度不高，那么预测数据更是毫无价值。

（2）系统根据上一步的实际情况，筛选出合适的时间序列法并进行测算。

（3）系统对于这种方法可能会产生的预测偏差进行测算并保存，第6章"预测绩效评估"中对于预测偏差会进行深入探讨。我们暂且将预测偏差看作预测需求与实际需求之间的差。

（4）系统会使用另一种时间序列法进行测算，并记录可能产生的预测偏差。将这一偏差数据与上一种算法得到的偏差数据进行对比,哪种偏差小,哪种"胜出"并留下。

(5)系统此时会再对第三种算法进行测算并且重复前面的一系列过程。对于有些算法来说,尤其是在指数平滑法中,要对 $\alpha$、$\beta$ 和 $\gamma$ 等常数进行测算,还要采用不同的自适应法来使得预测效果达到最佳。预测系统会对所有系统内的时间序列法都进行一系列这样的测算,最终挑选出预测偏差最小的算法。

(6)系统通过最终挑选出来的算法对规定跨度内的需求数据进行预测。

尽管上述过程中提到的专业预测系统所进行的一系列操作既能节省时间,又能对预测结果的准确性进行加成,但是预测员依然要谨慎对待,避免黑箱预测的出现。当预测员只是向系统输入数据,得到"答案"之后不对数据的合理性进行检验就直接采用时,黑箱预测现象就发生了。我们可以通过一个例子来阐述一下黑箱预测现象的危险性。几年前,我们团队曾为一家生产并且销售维生素和草药营养品的公司做过预测审计。该公司的产品主要是通过零售渠道销往大型的连锁零售店、连锁药店和商场。他们产品的需求虽然比较多变、有一定的季节性,并且对于促销也比较敏感,但是整体上还是可预测的。之后发生了一件有趣的事情。1997年6月,美国广播公司(American Broadcasting Company Inc,简称ABC)出版的杂志《20/20》广受欢迎,而其中介绍了一种叫作圣约翰草的产品。圣约翰草由于具有能够替代处方药物镇静剂的作用,在欧洲受到追捧。《20/20》的那篇文章,也对圣约翰草给予了高度肯定。图3-14描绘了当时圣约翰草的需求变化(数据非原始数据,但是变化情况与原始事件一致），圣约翰草的需求简直是一飞冲天。这样的高需求维持了一段时间，之后过了一年，就逐渐落回原本的需求水平了。现在，假设你在1999年4月，要预测圣约翰草的产品需求。如果把图3-14的数据输入预测系统，无疑系统会很快确认需求模式，预测结果也会猛增然后逐渐下滑。除非《20/20》的报道事件重演，否则不可能再出现如此高的需求。这件事中我们需要注意的有两点：第一，预测员不仅要明白需求巨变背后的原因，还要做到不全依靠系统来完成预测；第二，过去发生的事情未来不一定会再发生。所以，在使用时间序列法对数据进行判断的基础上，还要加上预测员自身的判断。第4章定性预测会对这一观点进行深入剖析。

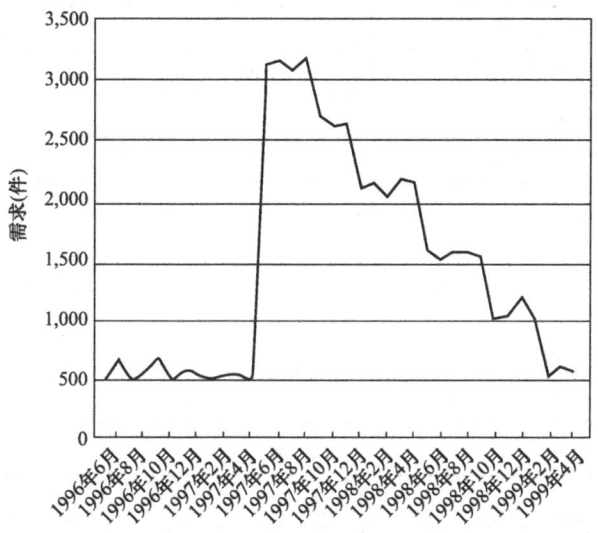

图 3-14　黑箱预测现象：圣约翰草需求变化

预测员肯定会面临的第二个问题就是"如果我的产品组里有10,000件单品，我怎么处理"。这个问题的答案比较复杂，我们要回顾一下第2章"需求预测是一种管理过程"中的预测机制。尽管预测系统肯定可以处理10,000件单品这种量级的数据，但是从单品着手进行预测未必是最合适的预测维度。我们可以看一下下面这个案例。假设你要预测两个单品，表3-1是前12个月单品的需求数据，图3-15是单品的需求数据散点分析图。

表 3-1 单品的需求数据

| 时间 | 单品1（件） | 单品2（件） |
| --- | --- | --- |
| 2011年1月 | 121 | 79 |
| 2011年2月 | 126 | 174 |
| 2011年3月 | 204 | 196 |
| 2011年4月 | 298 | 202 |
| 2011年5月 | 328 | 272 |
| 2011年6月 | 479 | 221 |
| 2011年7月 | 777 | 23 |
| 2011年8月 | 686 | 214 |
| 2011年9月 | 329 | 671 |
| 2011年10月 | 593 | 507 |
| 2011年11月 | 241 | 959 |
| 2011年12月 | 1,181 | 119 |

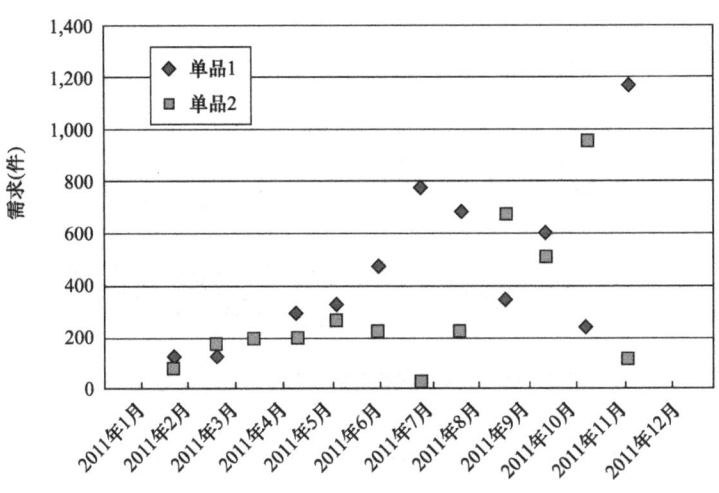

图 3-15 单品的需求数据散点分析图

从图 3-15 来看，两个单品的需求分布杂乱无章，确定模式并找到合适算法的机会很渺茫。但是如果你把这两个单品看作一个产品族，那么结果就大大不同了。表 3-2 和图 3-16 是把两个单品作为一个产品族组合之后的数据呈现。

表 3-2 产品族的需求数据

| 时间 | 单品 1（件） | 单品 2（件） | 产品族（件） |
| --- | --- | --- | --- |
| 2011 年 1 月 | 121 | 79 | 200 |
| 2011 年 2 月 | 126 | 174 | 300 |
| 2011 年 3 月 | 204 | 196 | 400 |
| 2011 年 4 月 | 298 | 202 | 500 |
| 2011 年 5 月 | 328 | 272 | 600 |
| 2011 年 6 月 | 479 | 221 | 700 |
| 2011 年 7 月 | 777 | 23 | 800 |
| 2011 年 8 月 | 686 | 214 | 900 |
| 2011 年 9 月 | 329 | 671 | 1,000 |
| 2011 年 10 月 | 593 | 507 | 1,100 |
| 2011 年 11 月 | 241 | 959 | 1,200 |
| 2011 年 12 月 | 1,181 | 119 | 1,300 |

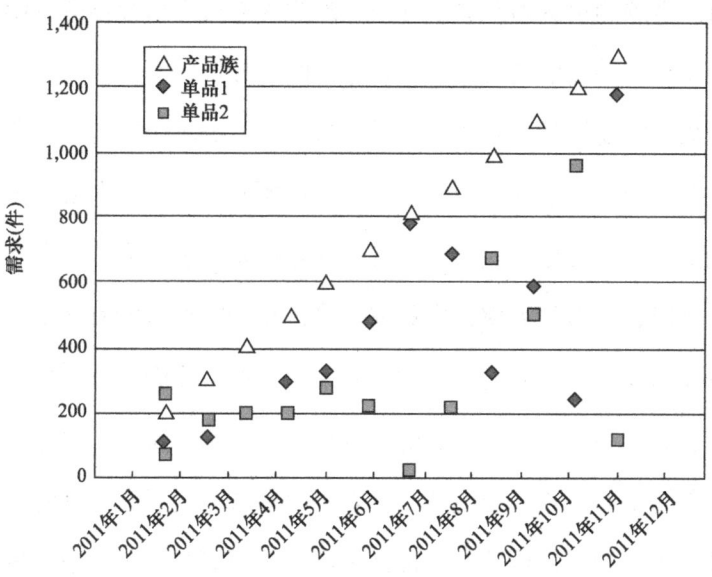

图 3-16 产品族的需求数据散点分析图

我承认在这个案例中为了能证明观点我进行了一些修饰：有时单品层面的需求数据实在是毫无模式可言，只有合并成产品族，才能看出来它的需求模式。在实践中，效果比较好的做法是对产品族进行统计分析，然后再用每一个单品乘以相应的比例。也就是说，如果单品1占整个产品族数量的13%，那么单品1的预测结果就是产品族的预测结果乘以13%。所以，对于有10,000件单品的预测来说，预测员可以组成1,000个产品族，尽管1,000个数据看起来也很多，但是至少在一定程度上比10,000个数据好处理。

# 回归分析

时间序列法是用来确定周期性重复模式——随着时间变化的模式的工具。除了时间序列法之外，另一种被广泛应用的需求预测方法就是回归分析。当预测员认为有除了时间之外的因素对需求数据造成影响时，一般会采用此种方法进行预测。在进行回归分析之前，我们首先要确认两个变量：因变量和自变量。在需求预测中，需求通常是因变量。自变量就是预测员猜测的影响因素。假如一位预测员是在汽车公司工作，那么影响需求的自变量其实很好确定。例如利率，利率上升，汽车需求可能就会下降；还有失业率，失业率下降，汽车需求可能就会上升；油价也会影响汽车需求，但是对每种车的影响不同，油价上涨，SUV车型需求可能就会下降，双动力汽车的需求反而会上涨。所以，这些外部的经济条件都是实实在在的自变量，会对需求造成一定影响。同时，回归分析更适用于高预测层面的产品形态（产品族或者品牌，不适合单品），以及预测时间跨度大的产品预测。

除了这些公司几乎无法控制的外因，还有一些公司的内部因素，也能够对需求造成影响。例如花在促销宣传上的费用、价格波动、销售人员数目、分销商数量等。这些因素也可以被看作因变量（需求）的影响因素，也就是自变量。有一个比较常用的形容需求变动的术语，尤其是在促销敏感型行业中非常常见，就是"上涨"。回归分析可以很好地对不同促销活动给需求带来的上涨进行记录分析。而且，对上涨这一情况进行充分了解，无论是对于战略性决策的制定（网络推广的上涨幅度比电视推广的上涨幅度更大吗？），还是运营预测（3周后的促销活动带来的上涨效果会如何呢？），都十分有益。

回归分析有很多种，最容易理解的是简单线性回归。所谓"简单回归"指的就是每次只分析一种自变量，而与之相对的是"多元回归"，也就是每次会对一个以上的自变量进行分析。"线性回归"指的是预测员认为因变量与自变量之间的关系呈直线而非曲线关系。我们可以通过一个简单线性回归的例子来剖析回归分析的运行逻辑。表3-3是某一产品36个月来每个月在宣传上的投入以及每个月的需求数据。

表3-3 回归分析案例数据

| 时间 | 宣传费用（千美元） | 需求（千件） |
| --- | --- | --- |
| 2009年1月 | 200 | 4,858 |
| 2009年2月 | 202 | 5,475 |
| 2009年3月 | 204 | 5,215 |
| 2009年4月 | 206 | 4,884 |
| 2009年5月 | 208 | 5,426 |
| 2009年6月 | 210 | 5,342 |
| 2009年7月 | 212 | 5,265 |
| 2009年8月 | 214 | 5,382 |

续表

| 时间 | 宣传费用（千美元） | 需求（千件） |
| --- | --- | --- |
| 2009 年 9 月 | 217 | 5,456 |
| 2009 年 10 月 | 219 | 5,367 |
| 2009 年 11 月 | 221 | 5,727 |
| 2009 年 12 月 | 223 | 5,092 |
| 2010 年 1 月 | 225 | 5,356 |
| 2010 年 2 月 | 228 | 5,881 |
| 2010 年 3 月 | 230 | 5,346 |
| 2010 年 4 月 | 232 | 5,530 |
| 2010 年 5 月 | 235 | 6,209 |
| 2010 年 6 月 | 237 | 5,739 |
| 2010 年 7 月 | 239 | 5,870 |
| 2010 年 8 月 | 242 | 5,942 |
| 2010 年 9 月 | 244 | 5,884 |
| 2010 年 10 月 | 246 | 6,534 |
| 2010 年 11 月 | 249 | 6,165 |
| 2010 年 12 月 | 251 | 6,730 |
| 2011 年 1 月 | 254 | 6,197 |
| 2011 年 2 月 | 256 | 6,681 |
| 2011 年 3 月 | 259 | 6,287 |
| 2011 年 4 月 | 262 | 6,121 |
| 2011 年 5 月 | 264 | 6,278 |
| 2011 年 6 月 | 267 | 6,511 |
| 2011 年 7 月 | 270 | 6,255 |
| 2011 年 8 月 | 272 | 6,744 |
| 2011 年 9 月 | 275 | 6,664 |
| 2011 年 10 月 | 278 | 7,229 |
| 2011 年 11 月 | 281 | 6,538 |
| 2011 年 12 月 | 283 | 7,422 |

图3-17是根据表3-3中每个月"数据对"绘制的散点图。纵轴（因变量，也就是$Y$轴）是某月的需求数据，以千件计数；横轴（自变量，也就是$X$轴）是对应月宣传的费用，以千美元计数。回归分析主要关注以下两个问题。

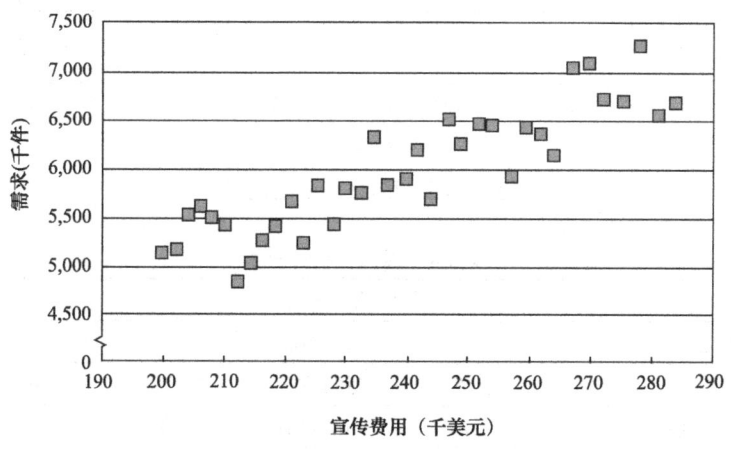

图3-17　根据回归分析数据绘制的散点图

（1）宣传费用与需求之间是否存在关联关系？

（2）若有关系，是否可以量化？

图3-18呈现了回归分析的产出结果，回答了上面两个问题。针对第一个问题，在简单线性回归散点图中我们画出了一条与已知数据"最贴合"的线。所谓最贴合就是说这条线离最靠近所有数据点，如图3-18所示。同时，表3-4的数据分析也给出了对于上面第一个问题的答案：宣传费用与需求之间是存在关联关系的。在"宣传费用"一行中的"$P$水平"数值为0.0001，也就是说宣传费用与需求数据无关的可能性是无限接近于0的0.0001。所以，对于这个案例的预测员来说，很幸运，他可以顺利地进行下一步了，因为已经证明了至少在过去的36个月里，宣传费用与需

求之间是存在关联关系的。

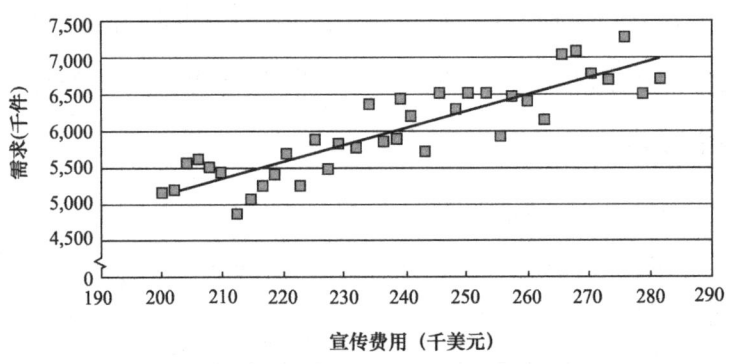

图 3-18 回归分析产出结果

表 3-4 回归性统计分析

| 回归性统计分析 | | | | |
|---|---|---|---|---|
| 判定系数： | 0.79106 | | | |
| | 系数 | 标准误差 | $T$ 统计值 | $P$ 水平 |
| 截距 | 716.27056 | 467.7367 | 1.53135 | 0.13493 |
| 宣传费用（千美元） | 22.05796 | 1.94414 | 11.34589 | 0.0001 |
| 需求（千件）= 716.2706 + 22.0580 × 宣传费用（千美元） | | | | |

针对第二个问题，"若有关系，是否可以量化"，表 3-4 给出了肯定的答案。在表 3-4 回归性统计分析中，宣传费用（千美元）的"系数"为 22.05796。由于这是一个简单线性回归的案例，所以可以直接把这个系数当作图 3-18 中画的那条回归线的斜率。放到实践中，这个系数代表的就是在过去的 3 年里，在宣传费用上每投资 1,000 美元，该产品的需求就增加约 22,058 件。

表 3-4 回归性统计分析最下面的那个等式，则是这个案例的"最终"答案。如果预测员想要知道 3 个月内的需求预测，那么他只要问一下宣传部门的负责人："你们未来 3 个月打算在宣传上投入多少成本？"假如宣传部门给的回答是："我们计划投入 247,000 美元。"那么预测员可

以直接把该数字套到表 3-4 中下面的那个等式。

需求 = 716.2706 + (22.0580 × 247) ≈ 6,164.597（千件）

由于需求是以千件为单位，所以 3 个月内的最终需求 6,164,597 件就是预测的结果。

但是对于上面示例中的回归分析还有一些需要注意的问题。

第一，这依然是"后视镜"预测的一种。对于自变量和因变量的分析都是基于过去发生的数据。我们可以想一下那个汽车公司的案例，预测员可以通过回归分析预测利率对汽车需求的影响，但要记住回归分析呈现给人们的一切结果都是基于过去的数据。如果想要回答"明年汽车需求和利率之间的关系与今年相同吗"这一问题，我们就必须在历史数据的分析之上加上人为的判断。预测员可能认为没有任何迹象显示明年利率与汽车需求之间的关系会发生变化，但无论结果怎样，思考这一问题都是非常必要的。

第二，回归分析所使用的数据必须真实可靠。在认可回归分析得出的结果之前，首先要对背后数据的正态性、是否通过自相关以及异方差检验进行确认。在这里我要再强调一下本章开头对于统计方法探讨细节程度的声明。如果有读者对于如何判定数据是否符合回归分析统计需求的细节步骤感兴趣，可以参考其他相关图书。

第三，要区分清楚关联关系与因果关系。关联关系是可以通过回归分析等统计学算法判断的关系，因果关系无法通过统计学算法解释。之前的例子换个说法就是：是高利率导致了汽车需求的下降，还是汽车需求下降导致了利率升高？这个例子利用常识就可以判断出是前者而非后者。但是在一些其他情况下，也可能存在第三种因素导致需求水平和自变量因素发生变化。要再次强调的就是，一定要人为判断一下统计分析是否合理、可靠和可行。

## 小结

要谨记，统计预测法并不是一直有用的，如第 2 章中提到的波音公司对商用飞机的需求预测。当一家公司在全世界只有 300 个客户，每一个产品价值百万美元时，统计预测法得出的需求预测结果并没有很大价值。反而直接询问客户来年的需求可能更有用一些。

但是抛去那些十分罕见的例子不说，基础统计预测结果是完成预测任务很好的开端，而"后视镜"法则是很好的起点。无论历史数据是随着时间规律性地重复，还是与一些因素存在关联关系，理解历史需求模式对于预测都有着莫大的帮助。第 7 章会详述，最好的预测实践需要经历整个过程，而最开始就是分析历史需求、确认模式并运用于未来数据的预测中。

从这里我们能得出很重要的一点就是，统计预测只是第一步而已。很多公司都忽视了人对"这一需求模式是否会在未来持续下去"这个问题的判断。过于依赖统计预测结果是有风险的。如果没有销售与市场团队（在制造型公司中）或者是销售规划团队（在零售公司中）的意见加成，那么预测员根本无法判断未来的趋势与之前是否相同。换一种方式来说，就是一直看着后视镜，可能会撞上卡车！所以，第 4 章，我们就将进入定性预测这一"向前看"的过程。

# 04

## 定性预测法

第 3 章中我们主要把目光放在"后视镜"上——对于历史需求数据进行分析,找到其中的模式,并将这些模式运用到对未来的需求预测中。虽然这个过程能够提供给你很多信息,但是正如第 3 章结尾所说,如果你只看着后视镜,那么可能会撞上卡车!所以本章会讨论透过"挡风玻璃"向前看的方法,也就是看向未来。换句话说,就是讨论定性预测法。

本章首先对定性预测法进行了定义并讨论了定性预测法的适用场景。之后,讨论了定性预测法的经典来源以及采用定性预测法的优缺点。在"什么是定性预测法"的概述之后,本章会在以后的部分对一些常见的定性预测法进行深入阐述,读者们可以重点关注一些常用的专家定性评估法。同时本章会讲解最常用的定性预测法之———销售人员预测法。

## 什么是定性预测法

简单来说,定性预测法(也叫主观预测法或者判断预测法),就是对经验人士的意见、知识以及直觉进行收集整理并转化为预测结果的方法。定性预测法就是将目光转向未来的外显过程,收集所有可获得信息,然后用来预测未来的需求的方法。事实上,在一些情况下,这些人为的意见和判断是最佳的预测参考信息,如第 2 章"需求预测是一种管理过程"中的波音公司对于商用飞机需求预测的例子。在这种情况下,那些经验人士的判断比任何历史需求的统计分析都有用得多。但是,在大多数情况下，最好的预测法是在对历史数据的统计分析基础上以定性判断进行补充加成。换句话说，就是最好的预测需要预测员纵览全局，既看后视镜（定量预测法），也透过挡风玻璃向前看（定性预测法）。

当预测员认为未来的需求不一定沿着历史模式发展时，就很有必要采用定性预测法。通常来说，这种情况发生在以下3种情景之下。

第一种需要进行定性预测的情景就是新品上市，此时没有历史数据可以参考，要采用定性预测法来对新品需求进行预测。尽管可能会有类似的产品对新品预测提供指导方法，但是预测员也必须通过定性预测来判断哪一个"旧"产品最适合用来当作预测参考，以及该新品预测对"旧"产品需求数据的可复制程度是多少。

第二种需要进行定性预测的情景就是可能会有一些新情况的出现改变现有的需求模式。我们可以通过一个假设的案例来对这一点进行解释，我们还是以前文提到过的好时食品公司为例。假设一位预测员现在要对锐滋花生杯（好时食品公司的一种产品）在10月（有万圣节活动）的需求进行预测，而10月一直都是糖果类产品需求的高峰期。我们可以进一步想象一下，在过去这些年中，好时食品公司知道沃尔玛超市（万圣节糖果的销量大鳄）会在美国的每个连锁店糖果区货架的尽头陈列他们公司的产品。但是在今年的万圣节，我们假设沃尔玛超市由于一些原因，决定把陈列商品换成好时食品公司竞争对手的商品，如雀巢公司的商品。由于沃尔玛超市流量巨大，这一举动对锐滋花生杯的需求影响非常大。如果此时预测员只采用定量预测法（也就是只看后视镜），那么他就会认为今年沃尔玛超市的需求量与往年一样，造成的一系列后果就是锐滋花生杯的需求预测过高，库存积压，可能还会由于产品本身易腐而导致报损或者大幅降价。那么应该怎么办呢？可以在定量预测的基础上采用定性判断进行补充。可以由好时食品公司的销售团队与沃尔玛超市进行沟通，然后给出信息或者建议。如果没有这一过程，或者没有为销售团队提供充分的动力来执行这一过程，那么预测结果将会出现错误。

第三种需要进行定性预测的情景就是有些由产品性质决定的历史需求数据与未来需求的预测相关性不大。前文中提到的波音公司的案例就是其中一种。还有一种就是第2章提到的项目型业务。在这种业务中，公司会为了大客户的需求进行投标，那么投标的结果就是中了或者没中。尽管你可以通过一些分析工具对各种情况下中标的可能性进行分析，但是时间序列法和回归分析能提供的帮助不大。所以，在这种情况下，预测员能够从后视镜（定量预测法）中获得的有用信息很少，更多的信息来自那些与客户打交道的同事的反馈（定性预测法）。

## 谁来进行定性预测

尽管定性预测信息的来源很广泛，但是公司内部最常见的来源为以下三方。

（1）高管。

（2）市场部或者品牌管理部。

（3）销售团队。

高管对于品牌或者产品的长期发展趋势通常有很深入的见解，但是高管关注的通常是"大局"的趋势变动，如行业趋势、市场变化、竞争对手的动态等。相对于高管关注的长期规划，市场部或者品牌管理部的人员对一些短期的促销活动、新品上市的时机，以及产品组的一些其他变动信息掌握更充足。而销售团队，作为定性预测信息最常见的提供方，对于客户的未来需求有很多有价值的见解。在之前提到的例子中，波音公司的预测员就需要销售团队与客户进行沟通并反馈信息；好时食品公司的预测员需要对接沃尔玛超市的销售团队了解今年万圣节需求可能出现的变化；项目型业务的预测员也需要销售团队帮忙判断中标的概率以及大客户合同中可能会包含的产品或者服务。

以上的三方中有两方都是来自市场和销售部门。市场部门主要负责推出新品、建立并维护公司品牌、针对客户需求进行市场调研，以及执行各种宣传活动，如投放广告。销售部门主要负责建立和维护与部分客户的关系，并提高公司在这部分客户上的收益。所以这样说来，市场和销售部门都是负责激发并维护需求的。回顾一下第2章，本书的重点就在于需求预测，也就是对未来需求的测算过程。而我在这里重申这一点就是为了强调销售和市场部门积极参与需求预测过程的重要性。没有部门比市场和销售部门更了解客户的需求，但常见的情况是，这两个部门的团队要么不参与需求预测，要么就是做一些背道而驰的事情对需求预测造成负面影响。在后文"参考人员协调问题"和"销售人员意见汇集法"中，会通过预测政治学的讨论再次深入讨论这一点。

## 定性预测法的优势

首先，定性预测法最主要的优势就在于它能够预测需求模式将要发生的变化。时间序列法无法预测需求模式本身的变化，回归分析无法预测自变量和需求之间关系的变化。这些变化是否发生以及变化的性质如何，可以通过公司内外的经验人士根据自身知识以及经验的储备来进行定性分析获得。定性预测结果无论是单独作为预测结果，还是作为定量预测的加成，都是十分有价值的预测信息。

其次，定性预测法的优势还在于它能够充分利用那些十分有经验的管理者、销售人员、市场人员、渠道成员以及其他专家的直觉和判断。从对客户的判断到对竞争对手的判断，再到对消费趋势变动的分析，甚至是对天气变化能够给需求带来影响的分析，都可以作为定性预测的数据源。所以，好的一面就是定性预测可以利用丰富的数据资源。而不好的一面就是预测员有时会面对过多的、复杂的，甚至是互相矛盾的数据源，我们将在后文详细讨论。

## 定性预测法存在的问题

在使用定性预测法的过程中其实存在着很多问题。有些问题是由这种预测方法本身的性质决定，不可避免。而有些问题却是由于定性预测主要收集的是人为提供的信息，而每个人都有自己要处理、面对的事情，所以会导致预测的不准确或者有偏差。

**大量复杂的信息**

正如上文中提到的，定性预测法的一个问题就是大量复杂的信息会给预测员造成困惑。第5章"预测过程中注入市场信息"将讨论市场信息可以作为预测过程中的一种信息输入，实际上，这就是一种定性预测数据。市场信息包括外部信息源，如行业报告、经济预测以及其他宏观环境的趋势数据。当然，也包括客户直接反馈的数据或者看法，如产品或者品牌管理、新品推广、市场营销或者销售等团队反馈的信息。这些信息源中任何一条都可以注入预测过程，所有都是有价值的信息，这也导致了预测员很容易就会面临信息过多这个问题。形成定性预测结果偏差的一个主要原因就是预测员无法，甚至不愿意处理或者去获取这样海量的信息。毕竟将这样海量复杂的信息进行整合是很困难的事情。而且人们本身就更倾向于使用现成的或者近期了解过的数据，所以定性预测结果往往不是经过对所有相关信息的充分考虑得出的，可能预测员只使用了现成的或者近期了解过的数据。所以大量信息这件事情其实也是有两面性的。好的一面就是预测员可利用的信息充足；坏的一面就是虽然信息很多，但是大部分可能都互相矛盾或者不够清晰明了。

**信息的有效性**

预测员在使用定性预测法的时候还可能面对的问题就是信息会受到可用性、及时性以及信息的存在形式的限制。举个例子，定性预测最常见的信息来源是公司的销售部门，但是，预测员想要每月定期从销售人员那获取他们的预测是很难的一件事，具体原因我们会在本章后文详细阐述。同样，一些外部信息源，如行业报告或宏观经济环境分析，可能并不像预测员希望的那样及时。还有就是，预测员获取的信息形式对于他们来说并不是最实用的，如客户提交的预测数据中对产品的命名都是按照自己的方式进行的，并非公司内部对于单品预测时使用的命名，所以预测员要花费很多时间来进行名字转化。

## 财务成本与时间成本问题

定性预测法存在的另一个问题就是成本问题,这里的成本既指财务成本,也指时间成本。本章前面的部分提到了内部定性预测信息的主要来源包括高管、市场部或者品牌管理部,以及销售团队。这3类员工的一个共同点就是工资高,他们有很多除了参与预测流程之外的事情要做。对于这些人来说,预测过程,尤其是流程组织不够高效的预测过程,非常占用时间,而这些时间他们可以花在一些更能产生价值的事情上。后文会介绍如何使预测过程变得高效,这样这些高收入的员工就可以在有限的时间产生最大的价值。

## 预测员无法识别需求模式

定性预测法还存在一个衍生问题——当预测员在处理历史需求数据时,他们可能找不到其中存在的需求模式或者错误地发现不存在的模式,这种问题一般在公司没有进行充分的定量预测时会发生。而一些公司之所以没能成功地进行定量预测,一般是因为资金不足,没有相应的预测工具,或者是预测员本身不够专业。然而,即便没有进行这种定量预测,预测员也会被要求找到历史需求数据中存在的模式,而在识别这种历史模式方面人是比不过统计工具的。

## 参与人员协调问题

最后,可能也是最常见的定性预测法存在的问题——预测过程需要协调各方人员参加,但是每个人都有自己要面对的事情,在这之中存在着很多"博弈"的学问。在理想情况下,如果一个人向预测过程输入信息,那么他的目标应该也是希望可以尽可能达成最精准、偏差最小的需求预测。但是,很多时候,每个人都有自己或者所在组织的目标,该目标与达成最精准、偏差最小的需求预测并不一致。而这些其他目标则会导致预测的偏差。下面列举了4种定性预测信息提供者们经常耍的"把戏"。

(1)"我的预测会影响我的指标。"本章后文会对销售人员在整个预测过程中所扮演的角色进行深入分析。定性预测法造成偏差最常见的原因之一就是销售人员认为他们所做的预测会影响自己的销售指标。他们考虑这一问题的思想过程大概是这样的:"如果预测结果能够影响我的销售指标,那么我就低报预测数据,这样我的指标就低,容易完成。一旦超额完成指标,既看起来很厉害,又能拿到奖金。"

(2)"多报预测数据,我的配货就充足。"当销售人员认为他们目前销售的产品数量有限时,无论限额售卖这个认知是否正确,他们所报的预测数据都会偏高。他们考虑这一问题的思想过程大概是这样的:"我报的需求预测,大概只能配给我80%,那么我报成需求预测的125%,这样我拿到的就正好满足我需要的了。"在这样的小把戏下,定性预测数据就会不可避免地整体偏高。

(3)"如果我预测数据报得不够高,那么我的新品就过不了开发期。"定性预测很重要的一个信息来源就是对新品的未来需求的判断。产品经理或者品牌经理一向对推出新品感到压力很大,因为他们知道管理层会查看新品的需求预测,只有跨过业务分析的"门槛",新品才能度过开发期。所以产品经理或者品牌经理明白,如果需求预测数据太低,那么新产品就无法"绿灯"通行。这样个人的"乐观打算"会导致很多新品预测偏高。

（4）"我得保证他们生产的产品量足够，所以预测时得多报一些。"定性预测还有一种信息来源就是公司供应链的下游——客户的预测。无论是制造商作为原材料或者配件供应商的下游，还是批发商或者零售商作为制造商的下游，人们总会有意无意地多报预测数据来保证上游供应商备货充足。在我们曾经参与过项目的一家公司中，他们称这种行为是"未承诺的承诺"，也就是客户会"承诺"要购买一定量的商品来激励制造商生产"充足"的货物。但是这样的承诺其实并不是实在的订单，这样的订单常不会落实，而这种未承诺的承诺则会导致预测结果偏高。

表4-1对定性预测法的优势和问题进行了总结。尽管上文对定性预测法存在的问题讨论得比较多，但是依然要记住，定性预测数据对于任何预测员来说都是非常有价值的。经验和能够分析复杂情况的能力所带来的价值是实实在在的，并不会打折。事实上，每一个预测过程都掺杂着定性预测。本章中对于定性预测法问题的讨论只是为了帮助你避开常见的"陷阱"，获得更好的定性预测结果。

表4-1 定性预测法的优势和问题总结

| 优势 | 问题 |
| --- | --- |
| 能够预测历史需求模式的变化 | 大量复杂的信息，可能存在互相矛盾或者不清楚的情况 |
| 能够参考大量的数据源 | 受到可获得性、及时性以及数据呈现形式的限制 |
| — | 成本高、费时间 |
| — | 预测员可能找不到需求模式，或者错误地发现不存在的模式 |
| — | 定性预测数据受到"博弈"的影响 |

# 定性预测法与相应的工具

这一节会介绍一些利用经验人士的判断、知识储备以及直觉来获得预测数据或者对预测数据进行加成的定性预测法。本节所讨论的方法由管理人员群体意见法、德尔菲法以及销售人员意见汇集法3部分组成。这些专业意见是通过汇集对产品线或者产品组都非常了解的专业人士（如管理层、销售人员或者市场人员）的意见得出的需求预测数据。汇集多方意见的好处就是可以抵消由单方预测所带来的预测偏差。本节主要关注的是如何从公司内部收集整理有效的定性预测信息。第5章会就如何收集分析外部信息，也就是市场信息，进行讨论。

## 管理人员群体意见法

当公司内部不同部门的管理者（对于制造型公司来说主要是销售、市场或者品牌管理部门的管理者，对于零售公司来说就是销售规划部门的管理者）一起就预测开会讨论，这样的会议一般被称为管理人员群体会议。这种预测方式不仅容易实现，而且对于需求模式发生变动或者新品没有历史数据可进行定量预测分析的情况尤为有用。另外，它还有一点优势——这种方式得出的结果充分汇集了有经验的管理层的直觉和判断。

我们发现，管理人员群体意见法运用得最多的一种情况是在预测的融合过程中。在第1章，我们讨论了需求预测在公司供需关系集成过程中扮演的角色。而需求评估则是供需关系集成过程中不可或缺的一个环节,只要执行得当,需求评估就可以转化为预测意见的融合过程。第8章会对于需求评估进行详细阐述。这里我只强调一点,那就是在需求评估过程中,公司内部所有会产生需求的部门管理者都应该参加,以共同得出一致认可的需求预测结果。所以需求评估本质上就是一次管理人员群体会议。在需求评估之前会先产出一份定量预测结果,之后在会议上,负责预测结果融合的管理者们会就这份预测结果是否需要调整以及调整多少进行讨论决策。除此之外,这些管理者们通常还负责对新品进行定性预测。而这种管理人员群体意见法能够发挥多大的效益就在于公司纠正个人或者群体决策所带来偏差的能力。以下是一些能够给群体决策造成一定限制进而给预测带来偏差的压力因素。

比较常见的就是公司内部的政治压力。通常在公司文化风气的影响下,大家会认为管理人员群体中某位成员的部门最有权力,进而产生一定压力。在这种风气的影响下,管理人员群体的其他成员对预测意见的比重就会变轻。我们团队曾经在参与一家给家居装饰零售商供货的公司的项目时,遇到过这种情况。这是一家家族式公司,这家公司的销售和市场部高管,正好是家族中一员,而且还负责公司最大的客户,一家家居装饰的零售"大卖场"。这家公司50%的销售额都来源于这家超级零售商,所以在月度的需求评估会议上,这位高管压倒性地掌握整个会议,对于这家大客户的需求预测也无限飙升。但他只是自己乐观地"一厢情愿"地预测这家大客户会订多少货。后果就是全公司的产品线预测持续偏高。我们在进行审计项目的时候,这家公司的库存已经堆积成山了。我们当时给的建议就是进行预测准确性评估。我们鼓励需求规划团队对这位高管调整之前的预测数据和调整之后的数据的准确性分别进行衡量,之后需求规划团队就向管理层展示了一份当前过高的库存与那位高管带有偏见的预测之间的关系表。因为那位高管也是公司的实际拥有者之一，所以他也看到了这份报表，知道了其中的利害关系。

管理人员群体意见法的另一个潜在风险就是计划驱动预测（参见第1章）的问题。销售和市场部的管理者们一向都十分看重他们必须达成的商业计划，或者说销售目标。我们从与各家公司合作的经验中发现，就算真实的需求预测结果表明目前市场上的需求不足以支撑销售和市场部门完成他们的指标，这些部门的管理者们也会对预测意见融合过程进行干预，保证预测结果与他们的销售目标相匹配。正如第1章中所讨论的，计划驱动预测应该是阻碍供需关系集成达到理想状态最狡猾的异常现象，所以为了避免管理人员群体意见法中出现这样的问题，公司必须制定相应的纪律准则。

关于管理人员群体意见法的使用有一点必须要注意，那就是这一方法并不适合短期、粒度非常细的预测，如单品级别的预测。正是由于管理人员群体意见法的性质决定了这一过程要花费很多管理者的宝贵时间，所以将这一预测法用在对产品组，即产品线或者产品族的预测中，才能发挥它最大的价值。如果将其用在对低层面、短期的预测上，会由于其预测重复性高，而浪费管理者的时间，进而容易产生人为偏差。

公司在采用管理人员群体意见法时要注意，这种方法模糊了参与者预测准确性所应该承担的责任。我们发现，在采用管理人员群体意见法的公司中，除非是特别善于管理预测过程的公司，其他公司中管理人员群体的成员并不需要对预测准确性负责，也不会因此得到奖励。而当没有人需要对预测准确性负责的时候，自然就会出现不准确的结果。而采用管理人员群体意见法的公司中之所以有一部分能够成功，就是因为他们根据预测结果的准确性对管理人员问责或者给予奖励。

还有一种让管理人员对预测准确性负责的方法，就是让他们针对给出的定性调整办法提供书面解释。这样一来，不仅让管理人员有了精准预测的责任感，也方便公司进行事后分析复盘。换句话说，就是如果预测结果不准确，那么根据这些书面的文件更容易找到不准确的原因。举行需求评估会议效果最好的办法就是进行详细的会议记录，这样对任何定量预测结果的定性调整或者是对新品的定性预测，其背后的逻辑都有纸质的记录。

## 德尔菲法

德尔菲法是通过询问收集公司内外专家意见，将类似于管理人员群体意见法中所产生的人为预测偏差最小化的方法。德尔菲法涉及以下步骤。

（1）公司会给参与座谈的每位专家都提供一个有关于未来需求的战略性问题。例如，波音公司请来的专家需要回答的问题可能类似于"波音747在未来15年的需求量会是多少"，而所召集的这部分专家可能包括波音公司的高管、高级销售总监甚至航空行业的外部专家。

（2）参与座谈的每一位专家单独对问题进行思考，并写出答案与背后的细节原因。

（3）收集上来的所有答案和原因分析会一起提交给一位抄写员，他会将这些信息汇集成一个文档，以匿名的方式将内容返回给参与的专家们。

（4）在浏览了返回来的预测总结之后，专家们会对自己原来的预测结果进行评估，之后再提交一份新的预测结果以及原因分析。

（5）这一过程会一直循环，这样预测结果的范围会不断缩小，直到所有专家得出相同的预测结论。

这一方法适用于对一家公司或者一个行业长期需求水平的预测。当在公司内部实行的时候，可以将其看作一种"云"管理人员群体意见法，因为参与的专家们是互相不见面讨论的。这样的目的就是让每一个参加的成员都能根据自己的判断做决定，而不被他人的强势或者"强权"影响。

除此之外，德尔菲法还能够降低"趋同思维"带来的负面影响。由于参与者们不是面对面坐在一起，所以因同一部门的人抱团或者某位强势的管理者所造成的认知预测偏差就达到了最小化。这样一来，预测过程中提出的方案就会更多，互相之间有碰撞的想法也可以得到充分校验，预测的结果自然就更加合理，这对于长期需求预测来说尤为重要。

但是这种预测方法也存在一定的问题，就是预测结果的可靠程度几乎完全取决于参与预测的人以及他们的专业知识。一定程度上来说，其背后的原因主要是参与的成员不愿意或者无法找到有用信息，只依靠现有的或者最近了解过的信息做出判断。想要解决这个问题，可以给参与的成员提供一定的相关信息，如经济方面的信息或者相关行业指标，这样可以降低这一问题所带来的偏差。除了上述问题之外，德尔菲法还十分耗费时间，成本很高。所以与短期的运营层面预测相比，德尔菲法适用于长期的战略层面的预测。

**销售人员意见汇集法**

销售人员意见汇集法是一种利用公司销售人员的知识储备与经验以及销售管理方法来加成或者产出需求预测结果的定性预测法。销售人员预测意见通常来自其对所涉及区域、产品或者客户需求的预测。销售管理预测意见主要来自销售团队管理层,本质上是管理人员群体意见法,只不过这个管理人员群体范围比较小,只有销售总监。参考一篇关于销售人员预测实践的调查总结[1],主要发现如下。

(1)约82%的销售人员参加过预测过程。

(2)与此同时,只有14%的销售人员接受过预测方面的培训。

(3)几乎一半(高于47%)的销售人员表示他们对于自己提交的预测数据的后续动向并不了解或者仅有一些了解。

(4)只有16%的销售人员在完成预测任务时能够使用预测软件作为辅助。

(5)不到一半的销售人员认为他们提交预测结果的质量与自己的绩效挂钩。

这项调查揭露了一个现象——尽管如今大多数销售人员都负责预测,但是公司提供给销售人员完成预测任务的资源与其对销售人员在预测方面作用的期望不成正比。

尽管两者之间有着一定的差距,销售人员意见汇集法的优势依然不可小觑。它能够将离客户最近的一群人所拥有的专业知识纳入需求预测。另外,由于销售人员既能够影响产品的销售情况,又能够亲身感受预测失误带来的后果(如造成客户的不满),所以这种方法还增加了销售人员对于预测的责任心。

以下两种情况中,销售人员的参与对预测效果影响重大。

(1)销售人员管理着整个产品流的动线,一直到其流入最终用户或者渠道商手中为止。在这样的情况下,销售人员便是需求模式变动最主要的信息来源。还记得上一章中提到的好时食品公司和沃尔玛超市在万圣节的那个假设案例吗？在这个案例中，沃尔玛超市在万圣节之前决定更改在好时食品公司的产品进货模式。正如我们之前所说，如果此时这一模式变动的消息没能输入给预测团队，那么就会造成需求预测过高。而这一消息的来源，就是销售人员。

（2）当销售人员参与大型销售项目时，公司需要利用销售人员给出的签下这单的可能性来得出精准的预测数据。例如，有一家提供大数据处理系统的公司，现在需要对签下一个大客户的可能性进行预测。如果成功的概率很大，那么公司就要为后续增长的需求进行充分规划。而在这个过程中，销售人员是预测签单成功可能性的不二人选。

尽管销售人员在很多预测过程中至关重要，但是公司也要经常面对销售人员提供的预测信息质量不高的问题。[2] 其实，公司也可以采取以下4个措施来提高销售人员提供的预测信息的质量。

（1）让预测变成销售人员工作的一部分。

公司能够采用的第一个，可能也是最重要的一个办法就是让预测变成销售人员工作的一部分。我们参与过项目的很多公司中，销售人员经常抱怨："我为什么要花时间做预测？我是拿钱做销售的，不是做预测的！"但其实，销售人员的工作职责包括3个方面：销售产品和服务、与客户建立并维护关系以及向公司提供市场端的反馈。而所谓市场端的反馈中最重要的一种就是有关未来需求的反馈，也就是预测。尽管大多数销售管理者都会说他们也觉得这是销售人员应该履行的职责，但是在多数情况下，销售人员的评价与奖励准则还是只有一个：销售，创造收益。第6章中将着重强调，有评估才有奖励，有奖励才有动力。所以，如果销售人员在预测中的表现与绩效和奖励都无关，那么他们是不会把这看作职责范围之内的事情的。

那么公司如何让销售人员认可预测是他们工作的一部分呢？首先就要在销售人员的岗位职责里清楚地强调预测这一项。除此之外，预测必须被纳入绩效评估范围并与奖金相关联。公司可以参照第 6 章中讨论的一些绩效评估策略，用在销售人员的预测管理中。但是，我并不是说预测的准确性要成为评价销售人员成功与否的主要指标，但也至少应该成为评分表中的一项，而且要有一定的占比以引起销售人员的重视，并达到高质量信息输入的效果。

其次，销售人员必须接受预测相关的培训以提高预测技巧。销售人员在工作中接受培训是司空见惯的事情，但是预测相关的培训却很少接触。为销售人员准备的预测培训应该包括定量预测、公司其他部门如何使用预测数据以及如何让客户相信商家精准的预测对整个供应链中的所有参与者都有好处。除了培训之外，公司一定要对销售人员在预测方面的表现做出反馈。如果销售人员不知道自己的预测数据是过高还是过低以及差了多少，他们是没有办法提升预测能力的。这样的反馈信息能够帮助销售人员意识到预测对于整个组织的重要性。

（2）"博弈"行为最小化。

公司提升销售人员预测能力需要注意的另一点就是要将之前提到的"博弈"行为最小化。博弈行为既可能导致预测数据偏高，也可能导致其偏低。当销售人员认为公司目前限量提供某项产品或者服务时，他们会故意高报预测数据以保证自己的货物或者服务资源充足，进而导致预测数据整体偏高。而当销售人员认为自己提交的预测会影响自己的指标时，他们就会低报，进而导致预测数据整体偏低。公司可以通过持续考核预测准确性，让销售人员认识到任何一种偏差都十分关键。公司持续性地考核，持续性地进行反馈，进而将这两种偏差最小化。还有非常关键的一点——将预测结果会影响销售指标这一思想从销售人员的思维中剔除，可以采用以下两种方法。第一，既然销售指标都是通过金额、得分等维度来计量，那么销售人员的预测数据可以通过件数来体现，这一维度对于预测结果的下游使用部门来说也是最有用的维度。第二，如果销售的指标是划分为季度或者年度指标来衡量的，那么可以把预测转化为销售人员月度或者周度的工作职责。

（3）预测行为简单化。

针对提高销售人员提供的预测结果有效性的另一个关键的方法就是将预测行为简单化。在与多家公司合作过之后，我们发现各家公司的销售人员都不太擅长做预测。但是，他们很擅长调整预测。所以对于公司来说，"预测行为简单化"最好的办法就是把第 3 章中所提到的定量预测结果提供给销售人员，让他们在这个预测结果的基础上进行调整。在我们所见过的有着顶级预测水平的公司中，他们所采用的预测流程通常是先以时间序列法和回归分析得出定量预测结果，然后把这个结果提交给销售人员，通常销售人员会与客户一同对这一预测结果进行评估，之后会根据他们已知的需求模式可能会发生的改变对预测结果进行一定调整。但如果公司只给销售人员一张"空白卷"，让他们自己产出一版预测结果，此时销售人员的预测结果通常是无效的。所以，在尽可能的情况下，公司应该让销售人员作为预测产出的调整者，而不是纯预测员。

有关销售人员进行预测很常见的一个问题——销售人员应该什么时候对预测结果进行调整。图4-1针对销售人员应该如何判断是否要对统计预测结果进行调整提供了一个简单的框架。图4-1是一个2×2的矩阵，横轴是"确定性"，纵轴是"影响力"。这一四格矩阵中，有两格是非常好解释的。首先就是当一位销售人员非常确定需求模式会发生变化，以及这一变化对公司的影响很大时，那么他一定要对预测结果进行调整。另一个就是当销售人员觉得需求模式可能会有变化，但是不太确定，而且就算有变化对公司的影响也很小时，那么销售人员就无须对统计预测结果进行调整。真正难以决策的两格是当销售人员不太确定变化是否会发生，但是一旦发生变化对公司的影响很大，或者十分确定会发生变化，但是所发生的变化对公司的影响很小的情况。在这两种情况下，销售人员必须将所产生预测偏差带来的整体影响都考虑进去之后，针对具体情况谨慎决定。如果事情发生之后可以有预测方面的反馈，销售人员就可以知道他当初所做的决策是否正确，有针对性的反馈可以让他在下次遇到类似情况的时候更游刃有余。

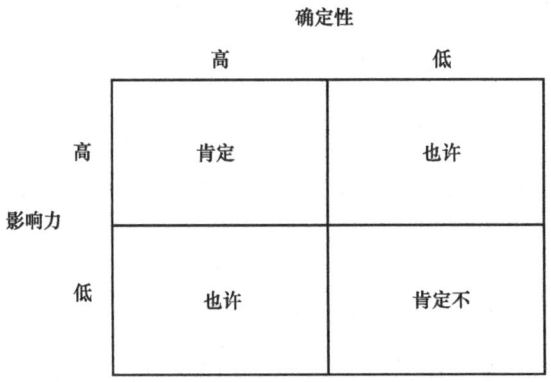

图4-1 销售人员对预测结果进行调整的时机

（4）要专注。

提高销售人员预测结果有效性的最后一个策略就是专注，即对于销售人员来说，"二八原则"适用于两个维度：客户和产品。换句话说，就是一位销售人员80%的销售额其实都来自他20%的客户。同样，产品组中20%的产品贡献了80%的销售额。当其中任意一条或者两条同时生效时，销售人员只需要针对那20%的客户需求或者20%的产品需求进行预测就可以了。如果一位销售人员有100位客户，负责的产品组中有100件产品，那么他需要做的预测就是10,000条。但是如果公司采用"专注"原则，那么这位销售人员只需要关注自己那20%的客户和20%的产品就可以了，每个月的预测工作量（最多）就是400条。这样做的优势有很多。首先，销售人员面对大量的预测工作时，就会产生抵抗心理，预测工作完成的效果也会不好。而且，销售人员本身对只产生20%销售额的那80%的客户或者产品可能也不太了解。当他们不得不对这些自己不了解的客户或产品进行预测时，很有可能就会把负面情绪转移到预测本身。归根结底，销售人员只需要预测那些真正能够产生价值的客户或产品需求。在我们曾经参与过项目的公司中，有一家化学公司要求他们的销售人员只考虑他们所负责客户或产品组金字塔尖那10%的预测数据。对于这家公司的销售人员来说，预测不是多么繁重的任务，反而是他们会认真思考并给出优秀建议以提升预测整体准确性和有效性的事情。

说到底，销售人员意见汇集法就是公司采用这其中的一些策略来大幅度提高销售人员预测的有效性和公司预测的准确性。要记住，预测是对于客户未来可能会产生需求的猜测，而销售人员则是离客户最近的人。所以，如果公司能够让预测成为销售人员工作的一部分，并且使博弈行为最小化，使预测行为简单化，让销售人员能够专注于需要预测的部分，那么整体的预测流程就能够在销售人员的有效参与下得到显著提升。

## 小结

本章主要是关于定性预测法的，此法在于能够将经验人士的意见与看法转化为预测结果。本章对于定性预测法的优势进行了概述，对能够对预测有效性造成影响的人为偏差来源也进行了讨论。本章所讨论的定性预测法包括管理人员群体意见法、德尔菲法以及销售人员意见汇集法。此外，本章还介绍了很多定性预测过程中的辅助工具，其作用主要在于减少影响预测准确性的偏差并提升预测决策质量。本章主要关注的定性预测信息都来源于公司内部，如销售部、市场部、品牌管理部以及高管等。

关于本章，最应该记住的一点就是通过定性预测来对定量预测结果进行加成，这样通常能够得到更优质的预测结果。但是，除了某些特殊情况外，如项目化的业务，其他情况单靠定性预测法来得出预测结果反而不是明智的做法。最后，对于预测结果定期的绩效评估和反馈能够使定性预测法更加有效。

接下来，我们将转向对另一种预测输入信息的研究，这种信息对于提升预测准确性以及管理整个预测过程非常有帮助，这就是来自外部市场的反馈信息。

## 参考文献

[1] Mc Carthy, Teresa M.,Mark A.Moon,and John T.Mentzer(2011), Motivating the Industrial Sales Force in the Sales Forecasting Process, *Industrial Marketing Management*, 40(1), 128−138.

[2] Moon, Mark A.and John T.Mentzer. Improving Salesforce Forecasting. *Journal of Business Ferecasting*, 1999, 18(summer): 7−12.

# 05

## 预测过程中注入市场信息

作为一名市场学的教授，我经常受到供应链管理系同事们的有意"招惹"。他们经常用迪伯特动画中的一集来刺激我。在那集动画中，迪伯特（Dilbert）发现"市场营销像酒，像猜谜"。其实我在第 2 章"需求预测是一种管理过程"中也提到了，预测的核心本质就是对于未来的猜测。所以，尽管我不觉得预测跟酒有什么关系，但是在预测过程中如果有市场信息的注入，那么需求预测所带有的"猜测"性质就可以升级为"已知的猜测"。而这就是本章的主题——什么样的市场信息对预测流程最有用，以及如何将这些市场信息的效能发挥到最大。本章首先会概述市场信息，并列举对预测流程有帮助的信息类型。市场信息的来源分为内部来源和外部来源，内部来源包括销售和市场部门，外部来源包括客户，公司从这两方的市场信息中都可以获益。本章会对这些来源的市场信息都进行深入分析，包括它们的优势，以及公司在使用这些信息的过程中可能存在的风险。除此之外，本章还会归纳出如何将这些定量和定性的预测数据整合成最终的预测结果。

## 市场信息概述

将市场信息的观察结果进行系统性收集、解读以及传播，其目的是提高公司的决策能力。

那么，为什么要在一本预测相关的书中讨论市场信息呢？我们先回顾一下在第 2 章中对需求预测的定义：需求预测就是一家公司在一系列的假设条件下，对未来需求进行精准的测算。从本质上来说，市场信息负责的就是对市场环境中的信息进行收集和分析，以帮助预测员获取上述假设条件。我们通过对定量预测法的讨论已经了解到定量预测法会找到历史需求数据中蕴含的模式来预测未来。但是我们也发现未来的需求模式经常与过去不同，所以我们就需要知道未来的需求模式将会发生怎样的变化以及为什么会发生变化。此时，预测员就需要市场信息的帮助来完成这一任务。

对于需求预测员来说，他们的任务就是找到实用并且可信赖的市场信息来源。来源分为公司内部来源和外部来源。第4章"定性预测法"中讨论了一部分预测员会尝试使用的内部来源，如销售、市场、品牌管理部门以及高管等信息来源。外部来源一般包括第三方提供的市场调研报告、政府报告（如人口普查资料）、学术研究报告以及其他类型的公开信息。此外，外部来源还有很重要的一个方面就是客户，本章会对客户能够提供的数据进行深入探索。

## "由下至上"预测与"由上至下"预测

第7章将讨论需求预测的最佳实践以及预测角度这一概念。对于预测角度，你在预测的时候有两种可以选择，第一种是"由下至上"的角度。在这种预测法中，预测员本质上是对单个客户或者单个产品进行考虑分析。如客户A下个季度的需求量会是多少？客户B呢？客户C呢？在对所有客户进行分析之后，预测员会把分析出的需求数据叠加起来。当然，这里说的对所有客户进行分析，指的是对大客户进行单独分析，对其他"小"客户进行捆绑分析。由下至上的产品分析也是同理。单品1的需求会是多少？单品2呢？单品3呢？对所有单品分析完成之后，将分析结果叠加，得到最终预测数据。第二种预测角度是由上至下。采用这种预测角度时，预测员会先考虑整个行业对某一类产品的需求，然后再预测自己所在公司能够分得行业需求的占比。用整个行业的需求乘以公司的占比，得到的就是由上至下的预测结果。在第7章中我将强调的一点就是虽然这两种预测角度都有各自的限制，但是最好的预测办法就是同时采用这两种预测角度，当两种角度下得出的数据相差较大时，再进行细致的分析调和。而这种需要调和的情况其实经常出现。

不同类型的市场信息对这两种预测角度都分别有着一定程度的帮助。在对市场信息进行分类的时候，我们可以广义地将它们分为"宏观市场信息"和"微观市场信息"。微观市场信息适用于由下至上的预测角度，通常是某位客户或者某个单品的情报信息。宏观市场信息适用于由上至下的预测角度，通常是整个行业的情报信息。表5-1列举了两种预测角度需要的微观和宏观市场信息以及该信息的可能来源，该表格收录的信息并不完整，甚至对于某些读者所在的行业来说可能是"错误"的。但其目的只是列举一些预测所需的宏观和微观的信息，以及信息的可能来源。该表格中所列举的每种情况互不相同。

表5-1 微观市场信息和宏观市场信息

| 微观信息——适用于由下至上预测 | | 宏观信息——适用于由上至下预测 | |
|---|---|---|---|
| 所需信息 | 信息来源 | 所需信息 | 信息来源 |
| 未来的价格变动 | 市场部或者产品管理部 | 竞争对手的动作 | 外部市场调研 |
| 宣传活动——时间与等级 | 市场部 | 经济趋势——全球的、地区的、本地的 | 公开的经济学研究报告、内部经济分析报告 |

续表

| 微观信息——适用于由下至上预测 | | 宏观信息——适用于由上至下预测 | |
|---|---|---|---|
| 新品——产品更迭还是补充 | 产品管理部、新品开发团队 | 行业行情增长（下降） | 公开的行业研究报告 |
| 引入/撤出活动 | 产品管理部、新品开发团队 | 立法或者政治因素的影响 | 公开的政治分析 |
| 项目型业务——可能性、时间、产品配置 | 销售部 | 项目型业务——市场规格以及竞争性动作 | 竞争分析 |
| 客户增长（下降）；赢得/失去客户；客户数量变动趋势 | 销售部 | 渠道的增加（减少） | 公开的行业研究报告 |
| 新建立的分销渠道 | 销售部、市场部 | 进入或者退出市场的相关公司 | 行业分析 |

## 需求预测员需要做什么

想要判断出预测员需要市场信息这件事其实很容易，难的是要弄明白预测员如何获得市场信息、怎样获得并且使用市场信息来使预测结果更准确。如果预测员想要在预测流程中融入市场信息环节，那么他们需要采用的策略如下。

（1）确认需要的信息，以及谁可能提供这些信息。换句话说，表5-1是一种大概思路，你需要按照自己的实际情况进行调整。记住"我需要什么信息"和"我在哪能够获得这一信息"二者同样重要，也同样难以回答。

（2）确定了信息来源之后，与负责收集信息的人员建立联系。大多数公司都有专门的人员负责外部宏观的行业和市场的信息的收集与监控。而且，几乎每一家公司的销售和市场人员都会一直询问客户的意见或者建议，所以他们可以提供关于客户和产品的微观信息。不仅预测员需要联系这些可以提供信息的同事，公司也必须激励这些掌握着信息的员工与预测员合作，将他们掌握的宏观或者微观的信息转化为能够融入需求预测结果的信息。这个过程写起来容易，但是做起来难！读者可以参照第4章中有关如何从销售和市场部门获取定性预测信息的部分。

（3）建立记录宏观趋势变动的惯例。微观信息应该作为公司需求预测流程中一种固定的定性判断因素。但是面对宏观信息，公司经常难以建立并坚持施行将宏观信息融入预测流程的惯例。因为这些宏观的趋势一般变动得很慢，而如果每次需求评估会议上呈现的都是同样的结果难免看起来不合适。一些公司规定每季度对宏观趋势进行一次评估，而不把它作为供需关系集成流程中的月会的一部分。还有的公司会规定只呈现宏观趋势中出现意外的情况。换句话说，就是需求预测员每月都要监控收集宏观信息，但是只有在其发生对预测有重大影响的变动时，才会在需求评估会议上呈现出来。

（4）将收集到的宏观信息进行整理并验证，尤其是对外部来源的信息更要注意。要知道，并非所有的宏观信息都如人们所期望的那样准确或者是无偏差，公司自然也不愿意根据有问题的信息来做出有关资源分配的战略决策。需求预测员在需求评估会议上可能会面对各种有关信息可靠性的挑战，所以建议公司建立有关外部来源信息的验证流程。

总而言之，就是要记住之前对需求预测的定义：需求预测就是一家公司在一系列的假设条件下，对未来需求进行精准的测算。所以可以将收集、解读以及传播市场信息的过程看作预测员将每一个预测的假设条件拼凑到一起的过程。接下来，我们将讨论一种特殊的外部市场信息：客户反馈的预测信息。

## 客户反馈的预测信息

客户反馈的预测信息是一种非常优质的市场信息。制造型公司有很多可以收集预测信息的客户。客户的类型以及客户反馈的预测信息类型如下。

（1）项目型客户。如第3章"定量预测法"中讨论过的，很多公司在面对多时段、多产品的复杂采购项目时，会发起意见需求。例如，霍尼韦尔公司有一个事业部叫作霍尼韦尔建筑事物解决部，这个事业部负责给大型建筑或者建筑园区提供服务，以保证其内部安全、安保以及能源供应。霍尼韦尔公司会参与很多公司项目的竞标，并为中标的项目提供这种支持服务，这样，一个项目就会囊括大量的产品和服务。一旦中标，需求预测员可以通过与客户合作获得关于项目的时间安排、客户需要的产品组合以及产品的量和配置等信息，对于预测益处良多。

（2）制造商客户。公司经常会给制造商客户供应原材料或者配件，客户会将这些用于自己公司的生产制造之中。例如，米其林公司为全世界的汽车制造商提供轮胎，所以米其林公司的需求预测员如果可以从制造商客户中得知他们的生产计划，尤其是计划中的时间安排和所需轮胎种类，那么对他们的预测益处良多。

（3）分销和零售客户。像好时食品公司这样的公司，其大部分的产品都是通过像沃尔玛这样的分销商或者零售客户销售出去的。这类公司中的需求预测员可以在对现有库存进行整理之后，从客户收银处获得终端用户的需求数据，这一数据可以帮助预测员对出货量（零售商的需求）和售出量（终端客户的需求）进行预测。另外，预测员如果可以获得零售商的宣传活动安排的信息，就可以对每个门店的宣传活动，以及随之而来的需求高峰进行预测。

因此，无论对于什么类型的客户，公司收到的反馈的信息，都对预测有很大的帮助。

但是，针对客户反馈的信息，有以下4个问题必须注意。

（1）我们是否应该从客户端获取预测信息？

（2）如果我们已经决定要从客户端获取预测信息，那么我们应该与哪家客户合作？

（3）如何与客户建立预测合作关系？

（4）我们怎样把客户反馈的信息融入预测流程？

## 我们是否应该从客户端获取预测信息

直接从客户端获取预测信息的好处十分明显：谁能比客户本身更清楚自己可能要买什么呢？如果客户和供应商之间的黏性比较强，那么这种合作式的预测可以帮助双方降低库存、提升供应比率并降低成本，使双方获益。第1章在讨论供应链中的供需关系集成时首次提到了这些好处。图5-1其实是对图1-2的再加工，增加了对于使用客户反馈的预测信息存在的风险或者问题讨论。正如图5-1所示，风险或者问题总是与好处并存的。首要考虑的问题是从客户端获得预测反馈信息所带来的好处真的能覆盖所付出的成本吗？这个问题是预测员必须要意识到的。图5-1中还包含了一些其他的风险。

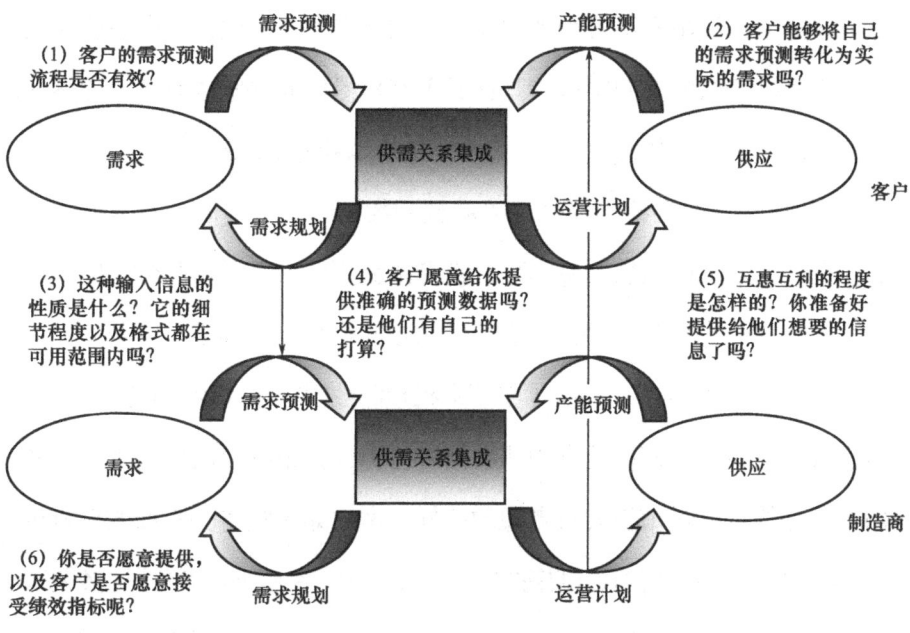

图 5-1 供应链中的供需关系集成：风险

（1）客户的需求预测流程是否有效？即使客户的本意是好的，但是他们可能不懂预测，所以在他们的预测流程下得出的结果可能并不准确、不可靠！如果客户的预测数据不准确也不可靠，那么在你的预测流程中引入这些数据无疑是弊大于利。

（2）客户能够将自己的预测需求转化为实际的需求吗？这个问题针对的是客户自身的供需关系集成过程。正如我们反复强调的那样，没有有效的供需关系集成过程，即便得出预测结果，其价值也不是很高。毕竟这些预测结果最终都要转化为良好的业务和供应链决策，如果客户缺少供需关系集成过程，那么他们反馈给供应商的信息也会是有问题的。

（3）这种输入信息的性质是什么？它的细节程度以及格式都在可用范围内吗？每个公司都有自己的命名方式、配件编号以及产品结构，所以你在这个过程中必不可少地要将客户的命名方式转化为你所在公司的命名方式。所以相关的问题就是：对于客户提供的这些预测信息的格式进行转化带来的工作成本，是否超出了信息本身的价值？

（4）客户愿意给你提供准确的预测数据吗？还是他们有自己的打算？第4章中所提到的"博弈"，或者说那些可以提供预测信息的人经常会有"其他打算"，导致他们提供的预测信息并不准确。在第4章中讨论的其中一种"打算"就是"我要多报预测数据以保证我的配货充足"。对于客户来说，他们在提供预测数据时肯定也会根据自己的需求预测做出这种打算。就跟销售人员考虑的一样，客户如果觉得供应商的供货可能存在问题，那么他们报出的需求预测就会偏高，希望供应商可以"多做"，避免出现供应短缺的问题。客户这样提供预测数据的原因之一就是客户很少将提供出来的需求预测看作一种承诺。这种由客户提供的预测依然和其他预测一样，只是对未来会发生事情的"最佳猜测"。由于这并不是一种承诺，所以若供应商按照客户提交的预测数据生产，而客户并没有按照他们提交的预测数据购买，那么是供应商需要承担多余库存的问题。对于客户来说，提供过高的预测数据并不需要承担多少负面风险。

（5）互惠互利的程度是怎样的？你准备好提供给他们想要的信息了吗？如果你要求客户给你提供需求预测信息，他们是否知道其带给自己的益处呢？他们是否会因此要求一些回报，如打折或者要求供应商保证供应量？对于这件事，的确需要需求预测员与销售部门进行合作。需求预测员可以帮助销售人员把这种单方面的请求转化为一个双赢的提议。对于客户来说，这一提议的好处在于更好的需求预测可以提高他们自身的产品供应水平。

（6）你是否愿意提供，以及客户是否愿意接受绩效指标呢？正如第6章中讨论的，针对预测中出现的偏差以及预测准确性进行反馈可以提高预测准确率。如果客户愿意接受预测准确性和预测偏差方面的反馈，那么客户提供的预测数据对于供应商来说会更加有用处。但是这个问题其实是双面的，一方面是供应商是否愿意付出额外的工作量来给客户提供反馈，另一方面是客户是否愿意接受这样的反馈？由于供应商和客户之间的关系特性，激励客户提供高质量的需求预测数据可能会反过来给供应商自身带来压力。

最重要的是，预测员必须针对"我们是否应该跟客户要需求预测数据"这一问题进行成本与收益分析。在分析的时候，必须对可能涉及的风险进行评价分析，如上述提到的那些风险，之后在进行需求与收益计算的时候将这些风险一并考虑进去。

**如果要从客户端获取预测信息，应该找哪些客户**

尽管从客户端获取预测数据有着很重要的作用，但是要付出的成本也是不可避免的。将客户添加到需求预测过程中也就增加了预测流程的复杂性，而且这些额外的复杂性所带来的成本有时甚至超过了获得的预测数据能够带来的潜在益处。所以，预测员必须要决定他们要获取哪家客户的预测信息。要如何决策呢？

一种方法就是做一个简单的帕雷托分析。帕雷托分析在大多数公司中都存在着，也就是20%的客户能够带来80%的销售额。在很多情况下，这种情况甚至更加严重。对于很多公司来说，他们很轻易就可以说出自己销售额前20、50，甚至前100的客户，而决定获取哪些客户的需求预测数据很简单的一个办法就是关注那些"A"类客户。但是，在多数情况下，那些决定关键的大客户的因素并不止于目前的销售额。一些客户从未来的销售潜力、高利润或者其他标准来评判时，有着战略上的重要性。但是无论怎样评判，获取预测数据的第一筛选条件就是那些战略重要性靠前的客户。

但不幸的是，事情并没有这么简单。一个客户在"A"类名单里并不代表这个客户就是获取预测数据的合适人选，必须要辅以其他方面的分析。例如，一个客户贡献的销售额可能很高，但是这个客户预测做得很差！如果是这样，他提供的预测数据轻则没有帮助，重则使公司机能失调。而且，这个客户可能并不习惯与供应商有如此紧密的合作，他可能更习惯于保持正常的合作关系，花多余的工作时间来为供应商提供预测数据这种事情可能完全在他们运营流程之外。最后一点，尽管这个客户可能对于供应商来说很重要，如果能够获取他的预测数据，那么供应商可能会获益良多，但是客户可能并不觉得这家供应商在整个供应链中的角色重要到需要自己消耗额外的资源来给他提供预测数据。

### 如何与客户建立预测合作关系

客户给供应商提供预测数据的方式繁多，从十分简单、比较随意的，到高度有组织、十分正式的都有。比较随意的方式就是双方交换表格，表格中包括各自主要产品的生产预测。在下面的内容中，我们会讨论供应商与客户预测水平是否符合，这也是一个需要关注的问题。还要考虑的就是客户提供的表格中的数据与需求预测员需要的数据是否吻合。正如前文所说，将客户提供的数据进行转化需要的工作时间也是成本－收益分析中需要考虑的一个方面。更正式、更有组织的预测合作方式是需求预测员去客户公司，与客户方适合的员工面对面开会进行讨论。所谓适合的员工可能包括客户关系部、采购部、原材料规划部或者销售规划部的员工。这样的会议一般是一个月或者一个季度定期举行，会议的议程一般包括双方就预测数据或者其他的业务规划进行交换，并针对其中存在的问题或者机会点进行讨论。我曾经参与过项目的公司中，有一些公司会定期与主要客户举行会议，进行数据交换的同时，对交换的数据进行评估并讨论其中存在的问题。

将这种合作关系的正式与有组织体现到极致的就是如供应商库存管理，或者联合库存管理，甚至是协同式供应链库存管理[1]等协议。这些协议的实现需要供需双方投入大量的人力方面和技术方面的资源，当然能够获得的收益也是很可观的。由于需要大量的投入，大多数公司在选择正式的合作伙伴时都非常谨慎，而且只有当收益大于投入的成本，以及双方信任关系非常强的时候，这种高资源投资量级的合作才能够实现。

### 如何把客户反馈的信息融入预测流程

对于客户反馈的预测信息还要注意的一点是，这些信息也是我们注入需求预测流程中的信息的一种。图 5-2 对各种输入的信息如何汇集成

---

[1] 对协同式供应链库存管理感兴趣的读者可以联系自愿性跨产业商务标准协会（Voluntary Interindustry Commerce Solutions Association），该协会开辟了协同式供应链库存管理，并致力于促进整个供应链的协作和有效性，尤其是在快消/零售公司环境中。

最终预测结果进行了解释。尽管从图 5-2 来看这个过程比较简洁明了，但在现实情况中，细节的问题十分棘手。正如我在前文中提到的，客户提供的预测数据表达的粒度不同，供应商将数据转化并处理成适用于预测流程的信息所付出的成本也不同。在很多情况下，供应商转化和处理数据的成本远高于信息本身的价值。

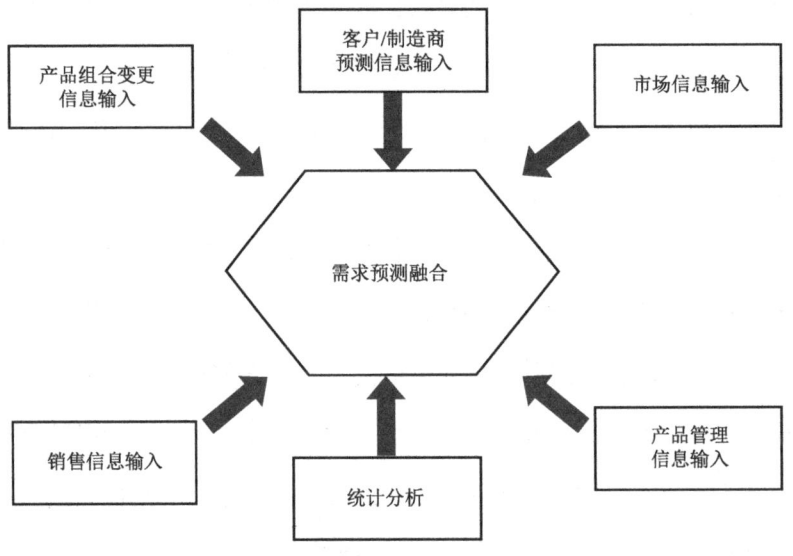

图 5-2　需求预测过程中的信息输入

### 客户反馈预测信息总结

你所在的公司可以考虑使用客户反馈的预测信息。但是在施行之前，管理需求预测流程的负责人需要注意以下 4 个问题。

（1）我们希望从客户端获取预测信息吗？要回答这个问题，就要对成本和收益进行分析。由于客户提供的预测数据对于判断他们的需求模式极有帮助，所以这个问题的答案一般都是"是的"。

（2）假设上一个问题的答案为"是的"，那么我们要获取哪些客户的预测信息呢？在这个时候，预测员就要与销售团队合作，利用一些标准对获取预测数据的客户进行筛选。这些标准可以包括这个客户对于公司的战略重要性、客户的预测能力以及客户为此事投入额外资源的意愿。

（3）在选择完毕后，我们要如何与这些客户建立预测合作呢？合作的方式分很多种，有最简单的数据表交换，也有每月或者每季度的定期拜访，还有正式的供应商库存管理或者协同规划、预测与补货等合作关系。需要谨记的一点就是，合作关系越紧密，投入的成本就越高，得到的回报（可能）就会越高。

（4）解决了上述问题之后，我们如何将客户的预测数据融入自己的预测流程呢？此时可以采用预测工具来辅助预测员将这些预测信息进行整合，并建立客户反馈预测信息实用性与其他来源信息相比的评价机制。

## 信息整合得出最终预测结果

在这一步中，预测员所面临的挑战就是数据整合与解读。第 4 章讨论了来源于销售和市场部门的定性预测如何对预测结果进行加成。本章讨论了如何对市场信息进行整合以形成预测的假设条件，以及一种特殊形式的市场信息——客户反馈的预测信息。那么接下来我们就要讨论需求规划员如何将所有信息整合到一起，形成一个最终可以在需求评估会议上呈现的预测结果。通过图 5-2 中呈现的将不同来源的信息进行整合的方式，需求预测员必须对如何得出"最终预测"数据进行判断。表 5-2 是预测员可能会面对的数据的一个案例。

**供应链与需求管理：**
精准预测需求与高效匹配供需

表 5-2 通过不同来源的信息建立最终预测数据的案例

| 项目 | 1月 | 2月 | 3月 | 4月 | 5月 | 6月 | 7月 | 8月 | 9月 | 10月 | 11月 | 12月 |
|---|---|---|---|---|---|---|---|---|---|---|---|---|
| 基础统计 | 290 | 277 | 333 | 360 | 379 | 398 | 382 | 427 | 492 | 485 | 563 | 601 |
| 产品经理 | -30 | 100 | 75 | | 100 | | 150 | | -30 | -50 | | 200 |
| 销售人员 | | 100 | 20 | | | 75 | | 25 | | | 75 | 100 |
| 客户 | -40 | 50 | | 75 | -20 | | 100 | -50 | | 50 | 60 | 40 |
| 最终预测 | 255 | 360 | 381 | 435 | 419 | 473 | 507 | 415 | 462 | 485 | 631 | 714 |
| 实际需求 | 290 | 289 | 313 | 363 | | | | | | | | |
| 基础数据偏差率 | 0.0% | -4.2% | 6.4% | -0.8% | | | | | | | | |
| 产品经理偏差率 | -10.3% | 30.4% | 30.4% | -0.8% | | | | | | | | |
| 销售人员偏差率 | 0.0% | 30.4% | 12.8% | -0.8% | | | | | | | | |
| 客户偏差率 | -13.8% | 13.1% | 6.4% | 19.8% | | | | | | | | |
| 最终预测偏差率 | -12.1% | 24.7% | 21.6% | 19.8% | | | | | | | | |

在这个案例中，预测员需要在 1—4 月实际需求数据的基础上建立 5—12 月的预测数据。表 5-2 的前 4 行对应的是图 5-2 中呈现的输入信息的种类。为了丰富案例表格的数据，我在"基础统计"一行里填入了随机的数据。之后，我对"产品经理""销售人员""客户"所在行的数据都进行了随机的调整。这种数据调整方式出现在公司中时，一般会是预测员先输入各种来源预测数据的基础版，之后来源对应的人员可以对数据进行调整。注意，在这个表格中有的地方可能是空白。如对于 6 月的数据，产品经理认为根据自己所掌握的信息，没有对基础预测数据做出调整的必要，所以该格为空白。在这里可以回想一下第 4 章中对于如何将销售预测价值最大化的内容。我在那一部分中陈述的最理想的销售人员预测方式，就是给销售人员提供定量预测数据，然后让他们根据自己所掌握的信息判断是否有必要对预测数据做出调整。读者可以参考图 4-1，该图对何时进行这样的数据调整给出了参考。尽管第 4 章所讨论的内容都是针对销售人员的，但其实这些内容适用于任何为需求预测提供定性调整的人员。

回到表 5-2，我在预测员没有做出任何判断的情况下，使得"最终预测"数据由"基础统计"预测，加上（或者减去）3 种判断的平均数得出。我还在"实际需求"一行随机填入了 1—4 月的数据作为这些月份的实际需求数据。之后，我在下面算出了从基础分析到产品经理调整数据、销售人员调整数据，再到客户调整数据与实际需求的偏差率，以便销售人员可以判断各项预测数据的质量。我们可以看一下不同来源的预测信息的质量。的确，我们只有 4 个月的历史数据，所以在现实生活中我们不会十分信赖这些计算结果，但是通过这个例子看需求预测员的整个思路流程还是很实用的。

## 供应链与需求管理：
### 精准预测需求与高效匹配供需

有趣的是，这3种预测数据的调整都让预测结果偏差率升高了。在这个例子中，最准确的预测数据反而是基础统计预测。如果上面的历史需求和对应预测数据是真实的（并不是随机产生的），而且预测员有多于4个月的大量实际数据可以参考，那么预测员在创建最终预测结果的时候就有底气可以多进行分析，减少一些机械化的过程。而且预测员现在可以很好地知道哪些来源的预测信息最有帮助，以及各种来源的预测信息存在的偏差。我会在第6章对偏差和预测准确性的衡量有更详细的讨论。

我们团队几年前参加过项目的一家公司在这方面做得可谓最佳。在这家公司，预测团队多年一直从各种来源收集准确的信息输入预测流程。与我上面所举的案例相同，这家公司定期从销售团队、产品管理团队以及部分大客户收集预测信息。而且，他们也同样会计算每种来源的信息给预测结果带来的偏差率。换句话说就是，在经过一段时间之后，判断销售团队是否提升了基础统计预测的准确性，如果提升了，那么提升了多少，产品管理团队呢，哪家客户提升了预测准确率，哪家反而扩大了差异。计算出这些数据之后，公司对每种调整数据的可靠性就有了整体的衡量。在上面那个简单的例子中，我通过将所有调整值的平均数加到基础预测数据上得出了最终预测结果。但是这家公司对所有的调整值并不是取简单平均数，而是取加权平均数，各调整值的权重根据历史数据中预测准确率的衡量得出。这样其实是一举两得：既能优化最终预测结果，又能激励各信息来源优化自己提供的预测信息。

## 小结

在本章所讨论的预测阶段中,所有的碎片信息都放到一起进行了整合。截止到本章,你已经了解了定量或者统计预测在预测流程中扮演的角色,就是看向历史需求的"后视镜"。你也探索了定性判断在判定未来的需求模式将会发生怎样变化时的重要贡献。另外,你还对市场信息以及市场信息对于奠定预测假设条件的必要性进行了研究。那么在下一章,我们讨论的话题将要转向一句话——有评估才有奖励,有奖励才有动力。所以在第 6 章中,我们将深入研究预测绩效评估。

# 06

## 预测绩效评估

在第 2 章"需求预测是一种管理过程"中，我提出了这样一句话："有评估才有奖励，有奖励才有动力。"尽管我想说这句话是由我提出的，但是摸着良心说，这并不是我想出来的。我是从我的同事汤姆·门泽尔口中第一次听到了这句话，之后我们将它广泛地使用到了我们 2004 年出版的书中[1]。其实这句话是彼得·德鲁克和爱德华兹·戴明提出的"如果你无法衡量它，你就无法管理它"的延伸和补充。我之所以提出这一观点是因为需求预测也是一种管理过程，与其他管理过程一样，如果没有适当的绩效评估，那么就无法对它进行管理。正因如此，一本关于需求预测管理的书必须包含对绩效评估的讨论。

本章首先回答了一个问题，就是"为什么要对预测进行绩效评估"。接下来，本章对过程指标和结果指标的区别进行了讨论，并探索了需求预测的过程指标对于结果指标所造成的影响。之后，本章继续讨论了需求预测过程中相关的指标，也就是偏差和准确性。除此之外，本章不仅讨论了这些指标如何进行计算，还对"计算之后你要用这些衡量指标来做什么"这一问题进行了讨论。最后，本章总结讨论了结果指标，以及准确性和偏差这些过程指标如何转化为最终能够影响股东收益的结果指标。

## 为什么要对预测进行绩效评估

第 7 章将详细地描述顶级需求预测的一些特征。其中预测管理部分涵盖的一个方面就是"绩效评估"。第7章中处于一阶的那些做得差的公司，完全不对需求预测进行绩效评估。我们团队曾经参与过审计调研的很多公司其实都不对需求预测进行评估管理。我们曾采访过那些公司的员工，问了几个比较简单的问题，比如"你的预测有多准确？"我们得到的答案一般是"我也不太确定，但是我知道它们还是有进步空间的"，或者"我觉得大概75%吧"。在这些做得差的公司中，管理者们觉得没有必要对预测进行绩效评估。因为进行绩效评估就意味着你要收集更多的数据，进行分析、归类，占用原本就有限的预测时间，这是很让人头疼的一件事。而且进行衡量也是很复杂的一件事——你是要在单品维度进行衡量，还是产品族维度，还是客户维度？什么叫"表现好"呢？预测应该有多准确呢？要面对这么多麻烦的问题来进行预测绩效评估，这些处于一阶的公司还没有解决"对我有什么好处"这个问题。

我的回答是，无论这件事是否让你感到头疼不已，现在都有大量的原因让你必须进行需求预测的绩效评估。这些原因如下。

（1）除了绩效评估之外，你没有其他办法知道自己预测水平的变化。预测做得好的公司从文化上鼓励不断精进。如果没有一个衡量基准，以及定期基于该基准的绩效评估，你无法知道目前的流程是否能够给预测带来提升。所以，采用"计分"的评估方式对于发扬这种持续精进的文化十分重要。

（2）如果没有绩效评估，公司无法诊断出预测中存在的问题。有些预测法并不适用于它们所预测的需求模式，而绩效评估可以很好地帮助管理人员诊断出这种问题。

（3）如第1章"供需关系集成"中所说，库存管理是一个持续性的

"平衡动作"。库存管理者要尽力保证库存充足，以应对需求的变化，为客户提供高水平的服务；与此同时，还要把库存水平尽量控制到最低，以降低成本。在不知道需求变化的情况下想要把库存控制在最佳水平是非常困难的一件事，所以公司经常会把预测准确性指标作为需求变化的一种替代措施。

（4）第4章"定性预测法"，讨论了公司需要奖励在预测中有良好表现的个人。我承认这一说法的确将人性过度简单化了，毕竟人不是巴甫洛夫（Pavlov）的狗，但是人类对于激励因素也是会做出反应的！这种激励因素一般会体现在公司的绩效计划中，而那些能够在销售人员、产品经理以及市场人员的绩效计划中加入预测绩效的公司，一般预测表现都会有提升。但是，给预测表现建立奖励机制的前提是必须要有绩效评估机制。

综合以上原因，公司的确有必要多投入资源以进行预测绩效评估。但是我们也承认，这个过程不仅耗费时间，对于系统和人力资源都是一种消耗，并且衡量标准可能十分复杂，有许多必须要解决的问题，所以本章会对这些问题进行重点阐述。

## 预测的过程指标与结果指标

在钻研如何对需求预测进行绩效评估之前，对过程有效性和结果有效性进行区分，以及研究如何对两种有效性进行衡量十分实用。结果指标的例子包括加急支出、库存周转、供应比率以及按时交付率。公司通过这些重要的供应链以及客户服务指标来衡量员工的业务表现，可以通过与历史表现进行对比，也可以与提前设定的指标进行对比。公司希望通过有效过程的设计与实施对上述指标进行提升。正如第1章中讨论的，公司希望通过供需关系集成这一"超级过程"的实施来获取重要的结果指标。而这正是供需关系集成存在的理由——帮助公司获取那些真正能够带来股东利益的结果指标，如库存周转率、缺货率、流动资金水平以及客户满意率等。只有最终能够提升结果指标的过程指标才能够引起公司足够的重视。本章主要讨论的需求预测（供需关系集成的一个子过程）指标，都是过程指标很好的示例。如第2章所述，没人会因为你预测做得好，或者是你们公司的供需关系集成运行得好就买你们的产品。他们购买你们公司的产品都是因为你们资产管理做得好、成本控制得好以及把客户服务得很好。这也正是像供需关系集成这样的过程很重要的原因。如果供需关系集成做得好，那么公司就能够把过程中做得好的地方，如需求预测，转化为优质的商业决策，进而提升像库存周转率、成本以及供应比率等结果指标。

表6-1从整个供需关系集成的角度，对公司如何看待过程有效性以及如何衡量这一"超级过程"给出了建议。以本节对过程指标和结果指标的讨论为背景，我们现在深入讨论公司如何对需求预测，也就是本书的重点子过程，进行绩效评估。

表6-1 衡量供需关系集成有效性

| 供需关系集成有效性指标 | 衡量问题 |
| --- | --- |
| 跨部门参与度（横向有效性） | 所有重点业务部门都派人员参加会议了吗？<br>内部需求方、供应方以及财务人员都按照原有的日程安排参加会议了吗？ |
| 多层级参与度（纵向有效性） | 是否安排了涉及不同层级参与者的多层级会议？<br>需求评估？<br>供应评估？<br>对账评估？<br>供需关系集成管理评估？ |

续表

| 供需关系集成有效性指标 | 衡量问题 |
|---|---|
| 决策导向 | 有权力做出差距弥合决策的人出席会议了吗？<br>会议是以未来的需求和供应预测为导向，还是以"我们为什么上个月没完成指标"的"马后炮"为主要内容？ |
| 战略性关注 | 预测的时间跨度是多少？计划的时间跨度呢？<br>会议是只关注短期问题还是同时讨论了长期的需求项目和短期的产能问题？ |
| 问责制度 | 参与会议的员工是否在负责参与整个流程的同时，还负责如预测准确性等过程指标？ |
| 大范围培训 | 公司员工（内部需求方、供应方以及财务人员）是否参与相关培训，以理解自己在整个流程中的角色，并学习如何有效为整个流程做出贡献？ |
| 持续的流程评估与精进 | 公司是否有供需关系集成的评估流程？<br>是否有明确的"把控者"在管理整个流程的同时促进流程持续精进？ |

# 预测的绩效评估偏差及准确性

你可以评估的最常见而且最实用的预测表现就是准确性和偏差。你可以把准确性看作预测需求和实际需求之间的差距，把偏差看作预测太高或者太低的系统模式。

接下来的内容主要对最常用的衡量方式进行讨论。由于本书旨在为商务人士提供最大限度地管理需求预测流程的参考，所以我仅介绍最常用的准确性和偏差的评估方法，而不是对所有方法都一一进行讨论[1]。由于评估这两个指标的前提都是计算出误差率，所以以下部分会首先讨论

---

[1] 对衡量预测准确性和偏差想要进行详尽讨论的读者，我强烈推荐汤姆·门泽尔与马克·穆恩的《销售预测管理：需求管理办法》（Sales Forecasting Management: A Demand Management Approach）一书，该书由塞奇出版社出版。

误差率的计算方法以及相关的问题，之后再描述如何利用误差率发现预测中存在的偏差，以及如何将误差率用作准确性的计分指标。

**基本构件：误差率**

最常见的用来识别偏差并评估准确性的工具是以简单的误差率计算为基础构建的。误差率可以告诉你，相对而言（以百分数的形式，而不是绝对数的形式），预测数据与实际需求相差多少，以及预测数据是太高还是太低。误差率的计算公式如下。

$$误差率 = \frac{（预测需求 - 实际需求）}{实际需求} \times 100\%$$

这个公式中蕴含着一些问题。第一个问题就是分母应该放预测需求还是实际需求。很多图书和文章都对正确的计算方式进行了讨论。一些作者认为如上面等式所示，分母中必须放实际需求；还有一些作者认为预测的需求数据应该放在分母处。从理性的角度来说，我支持放实际需求，因为这个计算公式要求的就是预测数据与实际需求相差多少。如果放预测需求，那么就变成了预测数据与你猜测将要产生的需求相差多少。如表6-2所示，这两种不同的计算公式下产生的结果截然不同，表格中一列是放实际需求下的随机数据，一列是放预测需求下的随机数据。在两种情况下，随机数据取值都在500～1,500。如果预测员选择的是在分母处用预测需求，那么他能够得出的结论就是在过去的2年间，平均误差率为 -25.25%。也就是说，预测需求平均比实际需求低了约25%。那么反之，如果分母处用的是实际需求，那么得出的平均误差就是 -4.13%。非常大的差距！

表 6-2　误差率计算对比：分母为"实际需求"与分母为"预测需求"

| 时间 | 实际需求（件） | 预测需求（件） | 分母为预测需求下的误差率 | 分母为实际需求下的误差率 |
|---|---|---|---|---|
| 2009 年 1 月 | 1,066 | 540 | −97.41% | −49.34% |
| 2009 年 2 月 | 572 | 645 | 11.32% | 12.76% |
| 2009 年 3 月 | 1,291 | 994 | −29.88% | −23.01% |
| 2009 年 4 月 | 923 | 1,159 | 20.36% | 25.57% |
| 2009 年 5 月 | 994 | 754 | −31.83% | −24.14% |
| 2009 年 6 月 | 1,139 | 762 | −49.48% | −33.10% |
| 2009 年 7 月 | 882 | 524 | −68.32% | −40.59% |
| 2009 年 8 月 | 776 | 739 | −5.01% | −4.77% |
| 2009 年 9 月 | 1,485 | 523 | −183.94% | −64.78% |
| 2009 年 10 月 | 1,087 | 1,043 | −4.22% | −4.05% |
| 2009 年 11 月 | 846 | 863 | 1.97% | 2.01% |
| 2009 年 12 月 | 924 | 765 | −20.78% | −17.21% |
| 2010 年 1 月 | 1,168 | 815 | −43.31% | −30.22% |
| 2010 年 2 月 | 1,304 | 1,316 | 0.91% | 0.92% |
| 2010 年 3 月 | 1,131 | 710 | −59.30% | −37.22% |
| 2010 年 4 月 | 1,431 | 901 | −58.82% | −37.04% |
| 2010 年 5 月 | 1,301 | 651 | −99.85% | −49.96% |
| 2010 年 6 月 | 1,234 | 1,239 | 0.40% | 0.41% |
| 2010 年 7 月 | 526 | 1,104 | 52.36% | 109.89% |
| 2010 年 8 月 | 1,226 | 1,013 | −21.03% | −17.37% |
| 2010 年 9 月 | 1,014 | 899 | −12.79% | −11.34% |
| 2010 年 10 月 | 1,125 | 1,262 | 10.86% | 12.18% |
| 2010 年 11 月 | 972 | 1,232 | 21.10% | 26.75% |
| 2010 年 12 月 | 575 | 1,463 | 60.70% | 154.43% |
| 2 年间的平均误差率 | | | −25.25% | −4.13% |

在这个时候，你应该要考虑一个问题——这有什么关系吗？答案是：

"有，也没有。"一方面，如果你只是需要对准确性本身进行评估，那么的确有关系。另一方面，如果你要对不同时间段内、不同产品、不同客户或者不同销售人员的预测准确性进行对比，那就不是那么有关系了。因为只要每一阶段采取的都是同样的评估方式，那么你就可以得出理性的比较结果。

接下来我们可以思考一下通过绩效评估你想要得到什么结果。以下有4个绩效评估的主要目标。

（1）追踪观察预测流程在变好还是变坏。

（2）诊断某种预测法或者预测工具出现的问题。

（3）衡量需求波动性来辅助制定库存相关决策。

（4）追踪个人预测表现以进行优质预测奖励。

对于第1个目标和第4个目标来说，分母用的是预测需求还是实际需求并不重要，只要每次用的是相同的计算公式，预测员就可以使用计算结果来对不同时间段、个人预测员以及客户等维度进行对比。但是，对于第2个目标和第3个目标来说，分母用的是预测需求还是实际需求是有一定区别的。如果库存规划员用预测准确性作为需求变动的替代指标，那么需求的平均误差率到底是-25%还是-4%呢？所以，很明显，是有一定区别的。同样，如果预测员将绩效指标用作诊断问题的一种方式，那么用不同分母计算出的误差率量级区别很大，很容易就能导致判断失误。由于用不同的分母对于预测准确性的用途来说的确有影响，所以我建议选择最让人满意的计算公式，也就是取实际需求为分母。

这个公式中可能出现的第二个问题就是预测需求的数值。如果是月度的预测，而且是18～24个月的滚动预测，那么问题就是被预测月之前的多少个月要被"锁住"以计算预测准确性。例如，在表 6-2 中，2009 年 1 月的预测数据是 540 件。这是根据 2008 年 7 月预测出的结果吗？如果参考 2008 年 12 月的数据，那么得出的预测结果应该会更准确一些，毕竟在 12 月时，可以有更新的数据来验证需求模式到底是怎样的。你可以使用第 2 章中讨论合适的预测时间跨度时所用的逻辑来回答这个问题。可以回顾一下，预测跨度区间至少要与生产提前期一样长。换句话说，如果一个产品的生产提前期是 3 个月，也就是说从客户下单到交付需要经过 3 个月的时间，那么 2 个月的预测跨度并没有什么用处。在这里逻辑是相通的。预测员应该"锁定"与产品生产提前期相符期间的预测数据，并将这一预测数据作为等式中的预测需求数值来计算误差率。

最后一个值得讨论的问题就是等式中的"实际需求"数值，是取"客户实际需要产品的数值"还是"交付给客户的货物的数值"。如第 7 章和第 2 章中所述，客户实际需要的数量和我们实际交付给客户的数量往往不一致。预测员应该预测的是真实需求，也就是如果条件允许客户会从我们这里买多少。如果这是预测的基础数据，那么就必须采用真实需求为基础。换句话说，就是在误差率计算公式中使用真实的需求值而不是配送给客户的货物量，这是很重要的。本书讨论了如何获得准确的实际需求，但是将预测需求与实际销量相比是不正确的，这样进行比较就好比"拿苹果跟橘子比"。

### 偏差

你可以把第一项绩效指标——偏差，看作一种系统性的预测偏高（向上的偏差）和预测偏低（向下的偏差）。检查误差率是发现偏差最好的方法。我们可以通过误差率的图表来研究偏差相关的问题。

图6-1是第一个示例，我们可以先解读一下这张图中展示的是什么。图中纵轴代表的是预测误差率，0代表的是需求的预测水平和实际水平相符。正如我第1章中说到的那样，图中并没有0这个数据点，也就是说预测一向都是错的！正数代表预测需求比实际需求高，也就是预测偏高；负数代表预测需求比实际需求低，也就是预测偏低。一般来说，当出现预测偏高的时候，就会出现库存积压；当出现预测偏低的时候，就会出现库存偏低，无法满足客户需求。

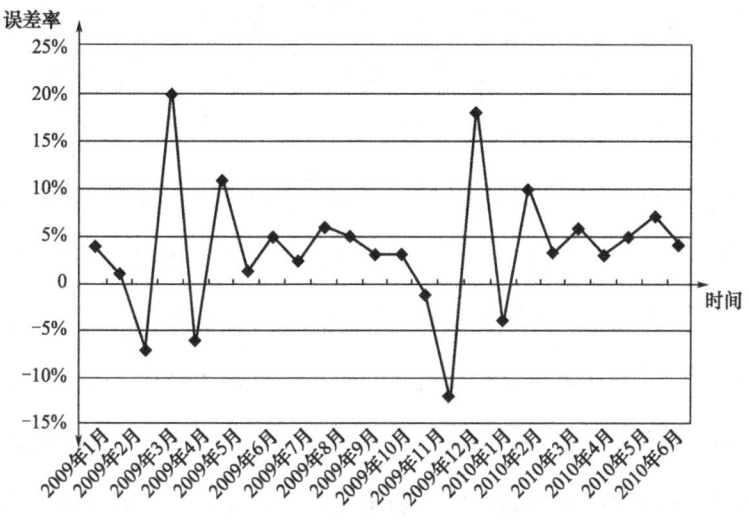

图6-1 偏差示例1

现在，我们来看一下图6-1中的模式。在2009年和2010年的1月和2月中都出现了适度的预测偏高。3月的时候，预测误差率下降为负数，紧接着在4月的时候，骤然上升为正数。在5月的时候，预测数据再度偏低，6月的时候则再度偏高，之后从7月开始到来年1月，一直都是适度的偏高。那么，这些变化的背后到底发生了什么呢？

作为一名预测分析员，你现在获得的信息是很充足的。首先，最吸引你注意力的应该是 3 月的预测数据骤然偏低，然后紧接着在 4 月的时候极速反弹偏高，然后 5 月再偏低，6 月再偏高。该图虽然没有直接说明发生了什么，但是的确呈现了一些我们应该进一步研究的重复模式。我们可以对此做出 2 种假设。一种就是某一位客户的下单模式与你预计的模式完全不同。也就是说你预测的需求高峰期与其实际需求高峰期月份不同。还有一种可能就是当 3 月预测有些偏低的时候，预测员反应过激，4 月的时候将预测过度上调，之后 5 月又过度下调，直到 7 月整体的状态才稳定下来。单单从这张图上无法看出哪种解释是对的。但是你的确可以判断出这一产品 3 月到 6 月的预测方面有重复性出现的问题，这也就显示出检验误差率表格的诊断价值。

你通过对图 6-1 的解读还能发现的一个问题——这是否为一起偏差性预测。我们可以回想一下偏差的预测，系统性的预测偏高或者偏低模式。从图 6-1 中我们可以看出这的确是一起偏差性预测，而且主要是预测偏高。除了 3 月到 6 月的反常之外，预测水平整体比实际偏高，也代表了这是一起偏差性预测。当然，业务经理肯定会问的一个问题就是："这种偏差性预测会造成问题吗？"答案是："看情况。"我们需要看偏差的程度。除了 3 月到 6 月的反常，预测的偏高程度大多是在不到 6% 的范围内。从表面来看，问题不是很大，因为大部分预测员的偏差程度在 5% 左右时都非常令人满意了！但是不要着急，再深入地想一想。例如，你并不知道目前面对的预测偏差是在单品层面、品牌层面、产品族层面还是公司层面。如果是单品层面，那么你的确可以感到很满意了。但如果是在公司层面，那么5%的预测偏差就是难以接受的高误差了。所以，看情况。

还有一个问题——被预测产品的单价问题。可以通过一个示例来解释这个问题，如霍尼韦尔公司的案例。霍尼韦尔公司有一个大事业部叫作霍尼韦尔航空航天事业部，是商业航空和防御领域的主要供应商。他们生产的大量产品都在行业内供应——从销售额上千万美元的喷气发动机，到不到一美元的螺丝和螺帽等配件。所以，很显然，如果霍尼韦尔公司对螺丝和螺帽的预测只偏高5%左右，那么的确是非常优秀的预测。但是，如果对喷气发动机的预测偏高5%左右，那么偏高带来的多余库存积压的金额将是灾难性的。所以说，看情况。

最后，预测偏差的问题程度也取决于战略性考虑。战略性考虑主要强调的问题是"我们公司储存多余库存的成本和断货的成本哪个更大"。有一家在我们审计数据库中的公司是一家小型的家族式公司，他们的商品都是在家居大卖场售卖，像家得宝（Home Depot）和劳氏（Lowe's）。由于他们大半的销售额都来自这样的大零售商，所以他们对配送及时率和供应比率要求很高。总之对于这家公司来说，如果上面说的那些指标出现了问题，那么就会对业务造成巨大的破坏。所以对于这家公司来说，与断货相比，多储存一些库存是更明智的战略选择。

我们可以再看一下图6-2中呈现的有关预测偏差的信息。同样，纵轴代表的是预测误差率，0代表的是完美预测（预测需求＝实际需求）。2009年1月的数据代表20%的预测偏低（也就是预测需求比实际需求偏低20%）。这个示例中的模式是一种季节型模式的预测偏差，4—9月预测偏高，10月到来年3月预测偏低。那么你能得出什么结论呢？

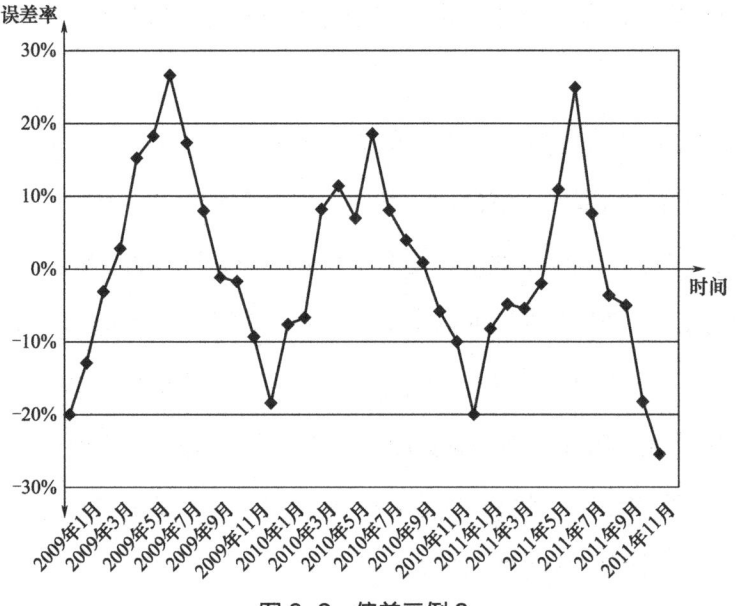

图 6-2　偏差示例 2

从图 6-2 中你可以总结出的一点就是，从总数上来说并没有预测偏差。如果你只看 2009 年 4 月到 9 月的数据，那么预测整体偏高；如果你只看 2009 年 10 月到 2010 年 3 月的数据，那么预测整体偏低。但是，如果看 3 年的整体数据，其实是得不出有偏差的结论的。预测偏差表示的是由于定性判断或者定量预测特征引起的问题，造成了系统性预测偏高或者偏低的结果。之前的章中讨论过一部分偏差的来源。例如，如果在时间序列分析法中使用平均法，那么当需求呈现上升趋势时，预测结果始终都会偏低。现在回顾一下定性判断如何导致预测偏差。如果销售人员觉得他们提供的预测数据会对他们的销售指标造成影响，那么他们上报的预测数据就会人为偏低。但是，这些预测偏差的来源在图 6-2 中并无显现，所以，就算图 6-2 中的整体预测结果没有显示偏差，但是这种预测结果也并不好。这样看来，误差率图表还能表达更多的信息。在这种重复性的偏高和偏低预测模式中，暗示了 2 个问题：要么是实际需求模式为季节型模式，但是预测员所采用的预测方法并没有把季节因素纳入考虑范围；要么就是预测员按照季节型模式进行预测，但是实际需求中并没有蕴含季节型模式。如上面所说，对于误差率图表进行检验的目的是进行诊断。它可能不会直接告诉你有什么问题，但是能够显示一些你可以进一步探索的可验证假设，最终精进预测过程。

**准确性**

偏差是需求预测的过程性指标，而常用的记录偏差的方法就是审查误差率图。对于评估预测准确性这一话题，也是要以计算误差率为基础开始的。准确性通常由一段历史时间的误差率的平均值得出。但是，对于误差率来说取简单平均值也有可能引起一系列的问题。为了克服这种问题，我们可以考虑引用另一种指标：平均绝对误差百分比。这一指标表示的是历史预测的平均误差率是多少。平均绝对误差百分比的公式如下。

$$平均绝对误差百分比 = \Sigma |误差率| \div N$$

在这个公式中，$N$ 是记录误差的时间段数，$|误差率|$ 是上述时间段的误差率绝对值。

平均绝对误差百分比能够解决的问题就是当对正负数取简单平均数时，误差的平均值会比实际结果偏小，因为正负数会抵消。我们可以通过一个比较极端的例子来看。例如有 2 个月的数据，第一个月的预测误差率为 90%，第二个月的预测误差率为 –90%。如果拿简单平均法计算，那么整体的预测误差率就是0！显然，这个指标是无用指标。我们可以将表6-2的数据进行再加工，添加一列来阐述前面这个问题以及平均绝对误差百分比如何解决这个问题（见表6-3）。

表6-3中的示例阐述了为什么在评估预测准确性的时候多加一步——计算平均绝对误差百分比。如果你的目标是判定预测有多准确，那么你需要知道预测需求与实际需求的偏差绝对值。在表6-3的示例中，选取表6-2"分母为预测需求下的误差率"的数据来计算，真实的预测误差率是40.25%，并不是−25.25%。尽管平均绝对误差百分比是常用的预测准确性指标，但是一些公司更愿意用"半满玻璃杯"而不是"半空玻璃杯"的说法，所以他们会选择计算平均绝对准确性百分比。也就是用1减去平均绝对误差百分比。

表6-3 平均绝对误差百分比计算

| 时间 | 实际需求（件） | 预测需求（件） | 误差率 | 误差率绝对值 |
| --- | --- | --- | --- | --- |
| 2009年1月 | 1,066 | 540 | −97.41% | 97.41% |
| 2009年2月 | 572 | 645 | 11.32% | 11.32% |
| 2009年3月 | 1,291 | 994 | −29.88% | 29.88% |
| 2009年4月 | 923 | 1,159 | 20.36% | 20.36% |
| 2009年5月 | 994 | 754 | −31.83% | 31.83% |
| 2009年6月 | 1,139 | 762 | −49.48% | 49.48% |
| 2009年7月 | 882 | 524 | −68.32% | 68.32% |
| 2009年8月 | 776 | 739 | −5.01% | 5.01% |
| 2009年9月 | 1,485 | 523 | −183.94% | 183.94% |
| 2009年10月 | 1,087 | 1,043 | −4.22% | 4.22% |
| 2009年11月 | 846 | 863 | 1.97% | 1.97% |
| 2009年12月 | 924 | 765 | −20.78% | 20.78% |
| 2010年1月 | 1,168 | 815 | −43.31% | 43.31% |
| 2010年2月 | 1,304 | 1,316 | 0.91% | 0.91% |

续表

| 时间 | 实际需求(件) | 预测需求(件) | 误差率 | 误差率绝对值 |
|---|---|---|---|---|
| 2010年3月 | 1,131 | 710 | −59.30% | 59.30% |
| 2010年4月 | 1,431 | 901 | −58.82% | 58.82% |
| 2010年5月 | 1,301 | 651 | −99.85% | 99.85% |
| 2010年6月 | 1,234 | 1,239 | 0.40% | 0.40% |
| 2010年7月 | 526 | 1,104 | 52.36% | 52.36% |
| 2010年8月 | 1,226 | 1,013 | −21.03% | 21.03% |
| 2010年9月 | 1,014 | 899 | −12.79% | 12.79% |
| 2010年10月 | 1,125 | 1,262 | 10.86% | 10.86% |
| 2010年11月 | 972 | 1,232 | 21.10% | 21.10% |
| 2010年12月 | 575 | 1,463 | 60.70% | 60.70% |
|  |  |  | 平均误差率：−25.25% | 平均绝对误差百分比：40.25% |

由于平均绝对误差百分比是常用的术语，所以以下的讨论依然会使用这一术语。

在查看平均绝对误差百分比的实用性之前，我们再看一下进行预测绩效评估的原因，预测绩效评估的4个主要目标如下。

（1）追踪观察预测流程在变好还是变坏。

（2）诊断某种预测法或者预测工具出现的问题。

（3）衡量需求波动性来辅助制定库存相关决策。

（4）追踪个人预测表现以进行优质预测奖励。

对于误差率图表的检查是实现第二个目标的最佳方式——诊断某种预测法或者预测工具出现的问题。但是误差率本身对于其他3个目标的实现并没有帮助。要实现这些目标，你需要检测一些时间段的预测误差率。如果你想要对整个预测流程的结果进行评估，并检测整个流程是否在进步，那么平均绝对误差百分比是很好的一个"计分"工具。而且对于某一产品或者某一客户的整体需求波动性也是很好的评估工具。最后，平均绝对误差百分比可以很好地追踪个人的预测绩效评估，因为平均绝对误差百分比可以记录他们的预测表现与完美的预测之间差距的绝对值。所以，平均绝对误差百分比可以很好地用来达成上述4个目标中的第一、二、四个目标。

与其他工具一样，平均绝对误差百分比有优势，也存在问题。我们先来看一下平均绝对误差百分比的优势。

（1）等式中使用绝对值可以保证预测偏高和偏低不会互相抵消，这样可以更完整地评估一段时间的预测有效性。

（2）你可以根据管理者的需求，使用平均绝对误差百分比对任意预测机制进行"计分"。只要你有完整的预测机制（读者可以回顾第2章对预测机制的讨论），无论是单品层面、品牌层面、产品族层面、客户层面、区域层面还是其他层面的预测准确性都可以被评估。

（3）可以对不同产品的平均绝对误差百分比进行加权。我们可以通过一个示例来看一下平均绝对误差百分比在这方面的作用。假设你想评估一个含有两个产品的产品族的预测准确性，这两个产品分别是：螺丝和螺帽、喷气发动机的涡轮叶片。螺丝和螺帽具有量大和高波动性的特征，但是产品的单价只有10美元。而涡轮叶片，虽然有量小和低波动性的特征，但是产品单价高达10,000美元。表6-4展示了这一假设案例的数据，包含了1年间螺丝和螺帽、涡轮叶片的实际需求、预测需求、误差率、误差率绝对值以及平均绝对误差百分比。正如你认为的那样，高波动性的螺丝和螺帽的平均绝对误差百分比也高，为41.68%；而低波动性的涡轮叶片的平均绝对误差百分比也低，仅有2.21%。

## 表 6-4 加权平均绝对误差百分比——原数据

| | 螺丝和螺帽 | | | | | 涡轮叶片 | | | |
|---|---|---|---|---|---|---|---|---|---|
| 时间 | 实际需求（件） | 预测需求（件） | 误差率 | 误差率绝对值 | 时间 | 实际需求（件） | 预测需求（件） | 误差率 | 误差率绝对值 |
| 2011年1月 | 42,216 | 40,949 | -3.00% | 3.00% | 2011年1月 | 227 | 236 | 3.96% | 3.96% |
| 2011年2月 | 46,901 | 25,024 | -46.65% | 46.65% | 2011年2月 | 244 | 240 | -1.64% | 1.64% |
| 2011年3月 | 49,152 | 39,116 | -20.42% | 20.42% | 2011年3月 | 244 | 237 | -2.87% | 2.87% |
| 2011年4月 | 36,652 | 18,450 | -49.66% | 49.66% | 2011年4月 | 237 | 237 | 0 | 0 |
| 2011年5月 | 31,996 | 26,273 | -17.89% | 17.89% | 2011年5月 | 241 | 236 | -2.07% | 2.07% |
| 2011年6月 | 28,748 | 45,001 | 56.54% | 56.54% | 2011年6月 | 227 | 225 | -0.88% | 0.88% |
| 2011年7月 | 27,608 | 15,526 | -43.76% | 43.76% | 2011年7月 | 232 | 236 | 1.72% | 1.72% |
| 2011年8月 | 26,182 | 46,549 | 77.79% | 77.79% | 2011年8月 | 225 | 229 | 1.78% | 1.78% |
| 2011年9月 | 21,073 | 39,155 | 85.81% | 85.81% | 2011年9月 | 227 | 241 | 6.17% | 6.17% |
| 2011年10月 | 33,522 | 43,538 | 29.88% | 29.88% | 2011年10月 | 238 | 245 | 2.94 | 2.94% |
| 2011年11月 | 21,204 | 34,047 | 60.57% | 60.57% | 2011年11月 | 247 | 241 | -2.43% | 2.43% |
| 2011年12月 | 19,038 | 20,597 | 8.19% | 8.19% | 2011年12月 | 237 | 237 | 0 | 0 |
| | | | 螺丝和螺帽平均绝对误差百分比：41.68% | | | | | 涡轮叶片平均绝对误差百分比：2.21% | |

表6-5是对产品族的无加权平均绝对误差百分比计算。实际需求和预测需求的数据都是这一产品族两个产品的简单叠加,而未加权的平均绝对误差百分比为41.34%。

表6-5 产品族的无加权集合平均绝对误差百分比计算

| 产品族集合 | | | | |
|---|---|---|---|---|
| 时间 | 实际需求(件) | 预测需求(件) | 误差率 | 误差率绝对值 |
| 2011年1月 | 42,443 | 41,184 | −2.97% | 2.97% |
| 2011年2月 | 47,145 | 25,264 | −46.41% | 46.41% |
| 2011年3月 | 49,398 | 39,353 | −20.33% | 20.33% |
| 2011年4月 | 36,889 | 18,687 | −49.34% | 49.34% |
| 2011年5月 | 32,237 | 26,509 | −17.77% | 17.77% |
| 2011年6月 | 28,975 | 45,226 | 56.09% | 56.09% |
| 2011年7月 | 27,840 | 15,762 | −43.38% | 43.38% |
| 2011年8月 | 26,407 | 46,778 | 77.14% | 77.14% |
| 2011年9月 | 21,300 | 39,396 | 84.96% | 84.96% |
| 2011年10月 | 33,760 | 43,783 | 29.69% | 29.69% |
| 2011年11月 | 21,451 | 34,288 | 59.84% | 59.94% |
| 2011年12月 | 19,273 | 20,834 | 8.10% | 8.10% |
| 产品族的无加权平均绝对误差百分比 | | | | 41.34% |

现在的问题是,41.34%这个无加权平均绝对误差百分比对于判定产品族的预测准确性是否有用?这个计算结果虽然是对的(至少我希望它是对的),但是,是否有用呢?我认为答案是否定的。因为对于涡轮叶片来说,这个产品从财务和供应链的角度来说都更重要,预测结果也比较准确;而对于螺丝和螺帽来说,产品本身并不是关键产品,预测也不是很准确,但是这一产品可能也并不需要预测得那么准确。但幸运的是,你可以通过对平均绝对误差百分比计算方式的调节对产品族的预测结果进行更好地评估。表6-6a和表6-6b中阐述了这一问题。在这里,你可

以使用加权集合平均绝对误差百分比,计算公式如下。

$$\text{加权集合平均绝对误差百分比} = \sum_{P=1}^{P} \text{平均绝对误差百分比} P \times (D_P/D_T)$$

平均绝对误差百分比 $P$ = 产品 $P$ 的平均绝对误差百分比

$D_P$ = 产品 $P$ 的需求金额

$D_T$ = 所有 $P$ 产品族的需求金额

表 6-6a  加权集合平均绝对误差百分比的计算

| 螺丝和螺帽 | | | | | |
|---|---|---|---|---|---|
| 时间 | 实际需求（件） | 预测需求（件） | 误差率 | 误差率绝对值 | 单价 10 美元,实际需求总金额（美元） |
| 2011 年 1 月 | 42,216 | 40,949 | −3.00% | 3.00% | 422,160.00 |
| 2011 年 2 月 | 46,901 | 25,024 | −46.65% | 46.65% | 469,010.00 |
| 2011 年 3 月 | 49,154 | 39,116 | −20.42% | 20.42% | 491,540.00 |
| 2011 年 4 月 | 36,652 | 18,450 | −49.66% | 49.66% | 336,520.00 |
| 2011 年 5 月 | 31,996 | 26,273 | −17.89% | 17.89% | 319,960.00 |
| 2011 年 6 月 | 28,748 | 45,001 | 56.54% | 56.54% | 287,480.00 |
| 2011 年 7 月 | 27,608 | 15,526 | −43.76% | 43.76% | 276,080.00 |
| 2011 年 8 月 | 26,182 | 46,549 | 77.79% | 77.79% | 261,820.00 |
| 2011 年 9 月 | 21,073 | 39,155 | 85.81% | 85.81% | 210,730.00 |
| 2011 年 10 月 | 33,522 | 43,538 | 29.88% | 29.88% | 335,220.00 |
| 2011 年 11 月 | 21,204 | 34,047 | 60.57% | 60.57% | 212,040.00 |
| 2011 年 12 月 | 19,038 | 20,597 | 8.19% | 8.19% | 190,380.00 |
| 年金总额: 3,812,940.00 | | | | | |
| 平均绝对误差百分比: 41.68% | | | | | |
| 加权值通过螺丝和螺帽的年总金额除以产品族年总金额得出,3,812,940 ÷（3,812,940+28,260,000） | | 加权值: 0.119 | 加权平均绝对误差百分比（平均绝对误差百分比 × 加权值）: 4.96% | | |

表 6-6b 加权集合平均绝对误差百分比的计算

| 涡轮叶片 | | | | | |
|---|---|---|---|---|---|
| 时间 | 实际需求（件） | 预测需求（件） | 误差率 | 误差率绝对值 | 单价10,000美元，实际需求总金额（美元） |
| 2011年1月 | 227 | 236 | 3.96% | 3.96% | 2,270,000.00 |
| 2011年2月 | 244 | 240 | −1.64% | 1.64% | 2,440,000.00 |
| 2011年3月 | 244 | 237 | −2.87% | 2.87% | 2,440,000.00 |
| 2011年4月 | 237 | 237 | 0.00% | 0.00% | 2,370,000.00 |
| 2011年5月 | 241 | 236 | −2.07% | 2.07% | 2,410,000.00 |
| 2011年6月 | 227 | 225 | −0.88% | 0.88% | 2,270,000.00 |
| 2011年7月 | 232 | 236 | 1.72% | 1.72% | 2,320,000.00 |
| 2011年8月 | 225 | 229 | 1.78% | 1.78% | 2,250,000.00 |
| 2011年9月 | 227 | 241 | 6.17% | 6.17% | 2,270,000.00 |
| 2011年10月 | 238 | 245 | 2.94% | 2.94% | 2,380,000.00 |
| 2011年11月 | 247 | 241 | −2.43% | 2.43% | 2,470,000.00 |
| 2011年12月 | 237 | 237 | 0.00% | 0.00% | 2,370,000.00 |
| 年总金额：28,260,000.00 | | | | | |
| 平均绝对误差百分比：2.21% | | | | | |
| 加权值通过螺丝和螺帽的年总金额除以产品族年总金额得出：28,260,000÷（3,812,940+28,260,000） | | 加权值：0.881 | | 加权平均绝对误差百分比（平均绝对误差百分比 × 加权值）：1.95% | |
| 产品族的加权集合平均绝对误差百分比（产品族中两种产品加权平均绝对误差百分比的和）： | | | | 6.91% | |

通过运用公式和算法，你可以从表 6-6a 和表 6-6b 中看到产品族的加权集合平均绝对误差百分比是 6.91%。在整个计算过程中，高值产品（涡轮叶片）的优质预测数据比低值产品（螺丝和螺帽）的预测数据占的比

重大得多。这样对于假设示例中产品线的实际预测评估更有用处。

讨论了平均绝对误差百分比的优势之后,我们来看一下平均绝对误差百分比的问题。

(1)如果计算中覆盖太多历史数据时间段,平均绝对误差百分比就会变得比较迟缓,无法有效地反映近期预测表现的上升或者下降。行业内为了减轻这一问题的影响,会采用标准时间长度的回滚式平均绝对误差百分比,作为标准的预测准确性指标。这一标准的时间长度一般为12个月。这样调整之后,平均绝对误差百分比能得到更好的平衡——既不会让某一个时间段过度影响整体结果,又不会因为时间段太多导致指标反应迟缓。

(2)平均绝对误差百分比可能会导致无法实现的评估准确性指标。我们可以通过一个小故事来看一下这个问题。几年前,我们的审计团队参与了一家公司的项目,这家公司需求预测方面出了一些问题。平均单品的平均绝对误差百分比在60%左右,非畅销库存积压,供应比率奇低。在审计的过程中,我们建议该公司对他们的流程、文化和工具都进行大面改革,这样做了之后他们逐渐看到了让人满意的成果。在坚持预测变革2年之后,他们整体的指标都有好转。平均单品的平均绝对误差百分比控制在20%之内,库存显著降低,客户也感受到了他们供应比率方面的进步。然而,该公司的联系人跟我们反馈——尽管取得了这些进步,但是预测部门的士气却达到了最低点,员工流动性前所未有的高。这家公司再次邀请我们团队回去进行二次审计,在这个过程之中,我们发现了一个很有趣的现象。这家公司的高管非常想追求高标准的预测,所以他们给预测员制定的预测指标是单品的平均绝对误差百分比不超过15%。

预测人员对这一指标感到很泄气。因为无论他们工作多么努力，投入多少，多想适应这种新情况，以及在整个供应链改革中获得了多少成就，他们始终无法达到 15% 这个目标并获得对应的奖励。这个故事告诉了我们一些道理。一个就是对于员工一定要针对其阶段性的成就进行奖励，而不是必须达到一个随意制定的目标才给予奖励。有一些产品本身的波动性就比较高，所以现实中的预测准确性能够达到的水平本身就是有限的。还有一个道理就是我之前提到过的，没有人会因为一家公司预测做得好就购买他们的产品！在第 7 章中我们会进一步讨论，顶级预测的公司会关注的具有真实价值的指标——股东价值、库存、供应比率、加急成本等，而且他们知道评估准确性只是一个有价值的过程指标，只是达到有效结果的一种方式。

## 结果指标——优质预测产出的结果

本章关于预测绩效评估的内容，通过对汤姆·门泽尔后期发布的一篇优秀文章总结得出，该文章于 1999 年在 *Journal of Business Forecasting*[2] 上出版。这篇文章很好地阐述了提升需求预测表现（也就是提升过程指标）可以大幅提升结果指标，进而让公司整体受益。图 6-3 由门泽尔教授的文章改编而来，是"杜邦模型"的简易版本。杜邦模型在 20 世纪 20 年代由杜邦公司提出，用来分析股权收益率。分析等式由利润表（图 6-3 的上半部分）和资产负债表（图 6-3 的下半部分）构成，股权收益率等于利润除以投入资本（简易计算忽略留存收益的影响）。利润（利润表中的一项）等于收益减去成本。投入资本（简易计算只考虑投入资本）

等于流动资本,即库存加上应收账款减去应付账款(再次强调,为了简易计算,本节忽略投入资本中的固定资本一项)。

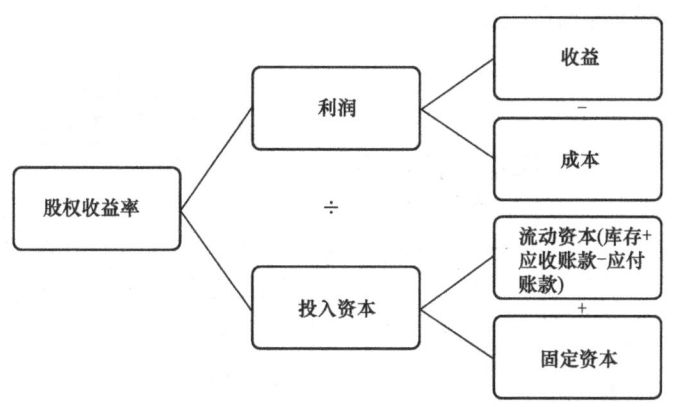

**图 6-3** "杜邦模型"简易版

图 6-4 是门泽尔教授使用这种简易的杜邦模型来阐述提升预测过程价值的实例。图 6-4 中有关财务的详细数据来源于参与我们审计调研的一家公司。当我们对这家公司进行审计的时候,我们遇到了很多难题。第一,这家公司对重复性的历史需求模式并没有采用任何统计分析。第二,这家公司没能有效利用销售团队或者产品经理的力量,为客户或者产品端的预测提供定性修改意见。第三,这家公司对预测表现没有任何评估或者奖励。第四,这家公司并没有完整的供需关系集成过程,将需求预测转化为商业计划。但是这家公司在听取审计意见方面做得很好,也开展了一项为期 2 年的需求预测改造计划。这家公司在这个项目上投入资本约 200 万美元:购买了一套新的预测系统以对历史数据进行统计分析,雇用了更多的需求预测员,并对所有参与预测的员工都进行了预测方法和预测流程上的培训。这家公司还说服销售总监调整激励机制,使预测

准确性成为销售团队工作内容考核的一部分。而且还有最重要的一点，就是这家公司任命了一名十分有执行力的负责人，这位负责人十分彻底地推进公司预测流程的精进。

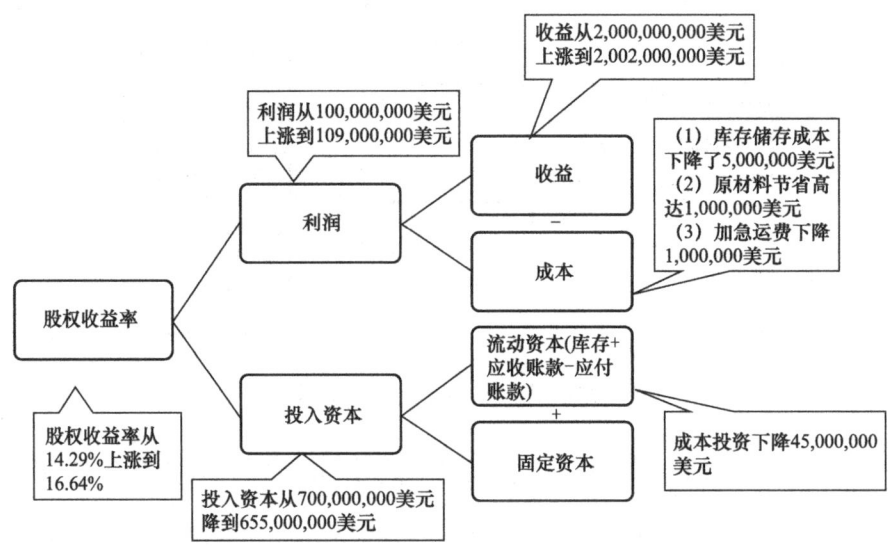

图 6-4　预测过程精进对股东价值的影响：现实案例

图 6-4 记录的结果[1]令人十分吃惊。第一个是收益上的影响。该公司对他们断货情况的改善进行了记录，而且由于这一情况的改善，公司有更多的产品可以供应给客户，使得年收益率增加了 0.1%。第二个是成本上的影响。由于该公司的成本投资持续下降，其年库存储存成本下降了 500 万美元。同时原材料采购方面也有所获益。这家公司有一种十分特殊的原材料——生产过程中一种极其昂贵的配件。由于该公司历史预测表现不好，所以他们经常在"现货市场"而不是与供应商长期合作来大量购买这种昂贵原材料。但是，在该公司的预测过程有所提升之后，采购

---

1　图 6-4 中的实际数字是应相关公司的要求而修改后的，但每一类的总体效果是相对准确的。

部门表示他们现在"相信预测",也能够与供应商建立长期合作关系,进而使得成本降低了100万美元。最后一点,就是年度加急运费下降100万美元。这是由于公司能够一直将正确的产品储存在正确的地方——在客户需要的时候正好在客户需要的地方。你可以将这个与下一个成果一起考虑,这样更清晰一些,就是公司积压的库存下降了4,500万美元。很明显,这家公司经历了第1章中所说的"供需关系集成魔法"。这种"魔法"能够提升客户服务、降低运营成本以及降低库存积压量——全部在同一时间达成。当你运行这一算法时,你会发现由于投入了这200美元改革预测系统,股权收益率从14.29%上涨到16.64%。这样的投资结果足以让任何财务总监拍手叫好!

## 小结

本章开始时引用了一句话:"有评估才有奖励,有奖励才有动力。"这句话非常重要,所以本章也用这句话来收尾。本章讨论了为什么评估预测表现(一个过程指标)十分重要,如何在能够记录准确性和偏差的情况下评估预测,以及如何使用预测指标来达成以下4项重要目标。

(1)追踪观察预测流程在变好还是变坏。

(2)诊断某种预测法或者预测工具出现的问题。

(3)衡量需求波动性来辅助制定库存相关决策。

(4)追踪个人预测表现以进行优质预测奖励。

本章还强调了关注股东价值的重要性。正如我对读者说过的:"准确的预测加上50美分够买一杯咖啡。"尽管我需要更新一些言论,但是这个观点依然是真实的。构成股东价值的结果指标可以受到本章中讨论的预测指标的影响。接下来我们将要对顶级需求预测这一话题进行讨论。既然你已经学习了预测方法、预测流程以及预测评估方法,现在我们将要深入地研究在真实业务环境中对于这些概念的最佳和最坏实践。

## 参考文献

[1] Mentzer. John T. and Mark A. Moon (2004), *Sales Forecasting Management A Demand Management Approach,* Thousand Oaks, CA: Sage Publications.

[2] Mentzer, John T. (1999), The Impact of Forecasting Improvement on Return on Shareholder Value, *Journal of Business Forecasting,* (Fall), 8–12.

# 07

## 最佳需求预测实践及最佳供需关系集成实践

## 供应链与需求管理：
精准预测需求与高效匹配供需

作为田纳西大学调研团队的成员，我们首次了解到顶级需求预测的构成是在1984年，当时整个团队中甚至还没有人是田纳西大学的职员。从1984年开始，我的同事以及后来任职弗吉尼亚理工大学教授的汤姆·门泽尔，开始出版有关行业内部预测实践的论文，这些论文后来被看作是这方面的"基准研究"。前两篇论文发表于《预测学期刊》（*Journal of Forecasting*），其中记录了10年间的两个大范围调查，对当时的预测实践情况进行了快照记录。第一项研究被称为"第一阶段"，发表于1984年[1]。门泽尔及其团队调查了157个公司，记录了各种统计和定性预测法在实际预测中的使用程度。这篇文章反映了当时预测调研的关注点，也就是预测方法。当时大部分的预测调研都集中在统计方面——通过对各种统计算法的设计和测试，对各种需求模式进行建模。10年之后进行了第二项研究，被称为"第二阶段"，于1995年出版[2]。在很大程度上，第二阶段的研究重复了第一阶段的研究方法，但是也有很重要的不同。门泽尔和他的同事意识到优质的预测并不单单是对统计算法的选择，所以他们收集了另一批208家公司的数据，调查了这些公司正在采用的管理方法和系统实施。有趣的是，即便两次研究相距10余年，但是第二次研究结果在统计法精益程度、管理关注点、计算机辅助以及整体预测表现方面，并没有太大的提升！

这一令人惊讶的结果让门泽尔和他的团队开始对行业内的预测现状进行定性分析。在第三阶段中，调研团队从不同行业和供应链中选取了

20家公司[1]，并对参与调研公司的大量员工进行面对面的深度采访。采访的员工来自预测部门、提供预测输入信息的部门（比如销售和市场部门）、预测结果的"客户"部门（比如制造、生产规划、采购和财务部门）。调研的结果在《商业视野》（*Business Horizons*）上发表[3]，这一研究回答了很多前两个阶段的基准研究中未能回答的问题。

到这个时候，门泽尔已经被调到田纳西大学，而从1996年开始，我也成了这个团队的一员。也是从这个时候开始，我把从基准研究前3个阶段中获得的许多看法运用到了公司的项目实践中，进行所谓的预测审计。直到如今，我们团队已经为全世界共43家公司完成预测审计，这些公司涵盖制造商、零售商、快消以及重工业[2]。相关学术文献[4]中有关于如何进行预测审计的记录，对此感兴趣的读者可以查看参考文献中列出的文章。本章主要围绕的是这些审计项目的结果，以及我们从中获取的需求预测和供需关系集成的最佳实践经验。

起初，基准研究的关注点是预测。但是，正如审计中显示的那样，我们进行调研是为了保证我们团队能够获取这个领域中最前沿的信息，

---

1 参与第三阶段基准研究的20家公司包括：Anheuser-Busch, Becton-Dickinson, Coca-Cola, Colgate Palmolive, Federal Express, Kimberly-Clark, Lykes Pasco, Nabisco, J.C. Penney, Pillsbury, Pro-Source, Reckitt Colman, Red Lobster, RJR Tobacco, Sandoz, Schering Plough,Sysco, Tropicana, Warner Lambert, Westwood Squibb.

2 本文撰写之时（2012年9月），共有以下42家公司参与了审计调研项目：Eastman Chemical Corporation, DuPont of Canada, Hershey Foods USA, Michelin, Allied Signal Automotive, Exxon, Union Pacific Railroad, Lucent Technologies, ConAgra, Smith & Nephew, Ethicon, Avery Denison, Corning, Pharmavite, Motorola PCS, Williamson-Dickie Manufacturing Co., Sara Lee (Intimate Apparel Division), John Deere, Continental Tire, AET Films, Whirlpool, Michelin(re-audit), Philips North America, Bacardi, Orbit Irrigation Products, Amway, Maxtor, OfficeMax, Lockheed-Martin, Nissan, Peerless Pump, Estee Lauder, Johnson & Johnson (Vistakon division), Radio Systems Corporation, Cooper Tire, Cummins Filtration, Cintas, Tyco Electronics (Wireless Network Solutions), Wal-Mart, Winn Dixie, Mohawk Industries, Boise, Walgreens, 完成了43场审计。

所以我们调整了研究的角度。随着时间的推移，我们发现再好的预测结果，如果没有恰当的流程将预测结果转化为明智的商业决策，都是空谈。我们这个调研项目覆盖的公司越多，我们越意识到我们的想法不能只局限在最佳的预测实践方面，还要包含最佳的供需关系集成实践。这场将近40年的研究，展示了需求预测和供需关系集成的进化史。本章将对这一进化过程进行详细解释。

本部分使用的论述框架起初发表于门泽尔、比恩施托克与卡恩联名的《商业视野》文章中，之后在穆恩、门泽尔与史密斯联名的《预测学期刊》文章中又得到了详细的论述，这一文章在上文中有引用。这个论述框架阐述了4个方面的预测实践：部门整合、方法、系统以及绩效评估。每一方面都包含4个"复杂阶段"，从1阶到4阶，4阶代表的是"顶级"的预测实践。在阅读接下来的部分时，读者可以给自己公司"打分"，看是否能够由此判断自己公司目前所处的阶段。这一框架旨在成为一种诊断性工具，帮助你找到最需要提升的地方。拿出你的荧光笔，画出你们公司在最佳预测方面已经具备的特征。如果发现你们公司只具备很少的4阶特征，也不要气馁。我们调研团队在过去16年参与的43场审计中，还没有见到哪一家公司具备4阶的所有特征。所以每家公司在预测管理方面都有成长的空间，这个框架就是帮助你所在的公司在成为最佳预测公司的路上合理分配优先性。

本章还描述了预测的这4个方面与第1章中描述的3个供需关系集成质量保证因素的关系，这3个因素为文化、过程与工具。如我所述，部门资源整合是文化问题，方法是过程问题，系统是工具问题，而绩效评估是使用工具来衡量过程，进而对文化造成影响。

# 部门资源整合

需求预测的第一个方面就是部门整合。这一方面旨在解决一个问题——一家公司为了支持预测以及供需关系集成,能够成功在信息提供者和需求者之间调动信息传递的能力有多强。之前提过,部门资源整合能力是公司文化的真实写照,尤其是公司公开透明、团结协作以及向着公司整体目标共同努力的决心。表7-1对部门资源整合方面进行了总结,接下来将对这一方面蕴含的5个论题进行深入讨论。

表 7-1 部门资源整合

| 论题 | 1阶 | 2阶 | 3阶 | 4阶 |
| --- | --- | --- | --- | --- |
| 供需关系集成过程 | 没有正式的供需关系集成过程 | 有正式的供需关系集成过程,但是召开的会议偶尔没有决策者参加 | 有正式的供需关系集成过程,决策者始终参加会议,管理层强支持 | 内部有强有力的供需关系集成过程,外部与大客户和主要供应商协作 |
| 组织结构 | 每个部门完成各自的预测 | 一个部门负责预测,传达给其他部门 | 预测、供需关系集成整合到一个独立的组织中 | 存在预测、供需关系集成的"拥护者" |
| 考核 | 针对预测表现没有考核制度 | 只针对预测员进行准确性考核 | 针对所有参与供需关系集成过程的人员进行预测准确性考核 | 为了提升预测质量,进行跨部门指标考核 |
| 需求预测、业务规划与目标设定的角色定位 | 需求预测、业务规划与目标设定之间并没有关系 | 认识到需求预测、业务规划与目标设定之间有关联,但是主要基于目标做计划,而不是预测 | 需求预测驱动业务规划和目标设定过程 | 使用迭代的方法进行需求预测、业务规划和目标设定 |
| 培训 | 没有针对需求预测或者业务规划的培训 | 针对预测员提供有限的流程和方法培训 | 为预测员提供预测流程和方法的教育与培训 | 为每个参与供需关系集成过程的员工提供教育与培训 |

## 供需关系集成过程

部门资源整合中的第一点就是公司成功设计并执行供需关系集成过程的程度。我不会在这里把第1章的内容都重复一遍，但还是推荐读者们认真回顾第1章中讨论的重点。简单来说，我的确观察了处于每一个阶段的公司能够处于这一阶段的原因。处于1阶的公司没有正式的供需关系集成过程，这些公司并不会举行供需双方的讨论会，来沟通双方存在的问题和约束条件。在这些公司中，常见的情况是，预测员得出预测数据之后，直接"隔空抛给"供应链部门的使用方，并不涉及任何讨论。处于2阶的公司，虽然有正式的供需关系集成过程，但要么该过程的执行标准并不成熟，要么由于缺少适当的变革管理而"泡汤"。处于2阶的公司面临的最大问题，就在于整个供需关系集成过程中，缺少关键部门的人员参与。

例如，我们曾经参与项目的一家公司成功地让销售规划团队参与了供需关系集成过程，但是店铺运营团队却没有任何人出席供需关系集成会议。还有一些情况是——管理者认为其他事情的优先级比供需关系集成会议的优先级更高，所以安排助理代替他们出席供需关系集成相关会议。但是，助理无法对需求或者供应调节做出重要决定，所以这样的供需关系集成会议往往无效。

处于3阶的公司中，公司制定并执行了正式的供需关系集成过程，能够制定战略性和战术性决策的管理者也都会一直出席会议。另外，处于3阶的公司对这一过程的管理支持力度很大。在我们曾经参与项目的一家公司中，该公司总裁表示，他们的高管团队非常愿意出席供需关系集成管理会议，唯有"危及生命的疾病才能阻止他们参与"。他们的高管团队都是"根据供需关系集成管理会议的议程来安排时间表"的。这位总裁自己也会出席，而且会发短信批评没出席的人。这种程度的管理层支持在公司内部传开，所有供需关系集成会议中应该出席的人都会出席。

还有一个有关管理层高度支持的反例。我们的审计数据库中有一家公司处于供需关系集成执行的初期。但是，在初期的供需关系集成管理会议上，市场总监很不恰当地发表了"如果销售目标和供应链目标相冲突，以销售目标为主"的言论。我听到这句话时的反应是——他们在供需关系集成文化方面还有很长的一段路要走。在供需关系集成文化中，高管要为了跨部门的目标而努力。所以，在供需关系集成文化中，并不是"销售目标有限"，就算是对于内部需求方的高管来说，"收益率"或者"股东价值"才是更重要的指标。很显然，这家公司供需关系集成背后没有管理层的高度支持，所以还没有达到3阶。

最后，处于4阶的公司具有的最佳预测特征就是不仅有良好的内部供需关系集成过程，还有重要的外部合作伙伴，如大客户和主要供应商等。处于4阶的公司内部、外部都推行协作的文化，信息在提供者和需求者之间可以自由传递。

**组织结构**

部门资源整合部分的下一个论题是组织结构，具体指的是公司内部支撑供需关系集成和预测流程的组织结构。处于1阶的公司，每个部门独立进行预测，而且没有有效的发展与传递预测的途径。我们在参与审计调研的一家公司中看到了这一点的极端案例。这家公司虽然有预测团队，但是他们使用的是非常过时的预测系统。而且预测团队使用这个系统产出的预测结果，几乎都被预测数据的下游使用者忽视了，情况一度恶化到物流部门要自己购买计算预测系统，自己进行预测。采购部门听到风声，也使用自己的计算预测系统（另一套系统）进行预测。这家公司的一个员工跟我说，当时的情况就是"黑市预测"。你可以想象一下当时发生了什么。当时这3种预测系统——"官方"的传统预测系统和2个计算预测系统，得出的预测结果都不相同。没有人愿意达成一致，导致整个公司管理混乱。尽管这个是处于1阶的公司比较极端的一个例子，但是的确阐述了供需关系集成中没有中心组织时会引发的问题。

处于2阶的公司，其内部有一个组织实体，"拥有"整个预测流程。这个组织通常是在没有其他部门有效信息输入的情况下进行预测，之后再在没有进行过供需关系集成对话的情况下将预测结果传达出去。处于2阶的公司的员工问我一个问题——谁可以掌控整个预测流程？在大多数公司中，预测团队汇报的部门有3种：销售（市场）、供应链或者财务。当预测部门单独向这3个部门中的任一部门汇报时，预测流程就容易出现结构性偏差，偏差主要包括以下3种形式。

（1）如果预测团队向销售或者市场部门汇报，预测结果通常会偏高。由于销售或者市场部门管理者的绩效和奖金一般是基于销售额的，所以预测越高，出现客户想买但是断货情况的风险就越小。这种预测偏差会导致以销售额为核心的公司文化。

（2）如果预测团队向供应链部门汇报，预测结果通常会偏低。由于供应链管理者的绩效和奖金一般是基于成本控制和库存管理的，所以如果预测偏低，那么库存方面存在的风险就会较小。

（3）如果预测团队向财务部汇报（顺便说一下，这是最不明智的组织架构），那么预测就变成计划驱动的预测了。可以回想一下第1章中我们对计划驱动预测的讨论，在这种情况下，无论市场整体需求能否满足财务目标，预测都会与财务目标相符。

从对处于3阶的公司的描述中，我们可以找到"预测团队应该在公司中处于什么部门"这一问题的答案。理想化的组织架构应该是预测团队直接向首席运营官汇报，预测数据不必与需求、供应或者财务部门的数据相吻合。在理想情况下，每一家公司都应该有一个首席预测官。首席预测官所带领的团队在组织架构上不从属于任何部门，所以也不必基于上述任何部门的偏差做出决策。

尽管从理论上来说这是理想的组织架构，但是我也承认在现实中这种情况并不可能发生。预测团队终究需要向某一方汇报，所以为了提供更多可执行的方案，我列出了以下2点。

（1）如果预测团队终究要向某一方汇报，我推荐向内部需求方汇报。在制造型公司中，需求方指的就是销售和市场部门。在零售公司中，需求方指的就是销售规划部门。我推荐向需求方汇报的原因是预测的目的就是预见未来的需求。销售、市场或者销售规划部应该是公司内对需求掌握最精准的部门，所以预测应该向这些部门汇报。

（2）即便从组织架构上来说预测团队不是独立的，但是预测团队可以从文化上独立。我们多年前参与过项目的一家公司是很好的一个案例。这家公司的预测团队，15年来一直是由一人领导，全公司都觉得这个组织独立无偏差。尽管这个团队每2～3年就要在组织架构上进行调整，从市场部门到供应链部门,再到战略规划部门,但是它始终保持原貌,文化上始终独立。这家公司的预测团队还负责管理该公司的供需关系集成过程。这是处于3阶的公司非常好的一个案例:预测和供需关系集成整合到一个独立的组织中。

最后,处于4阶的公司的特征为存在预测和供需关系集成的"拥护者"。[5]这位拥护者不仅要监督公司的预测和供需关系集成过程,还要拥护公司内文化、过程和工具的发展,成功推行供需关系集成。多家参与调研公司的案例屡次证明,如果没有一个专注的、专职的且有效的拥护者推进预测和供需关系集成,公司无法在这方面持续进步并达到顶级的状态。在与每家公司合作项目的时候,我有一个小妙招来判断这家公司是否存在预测和供需关系集成拥护者。每次进行采访的时候,我都会问一个问题:"如果你们总裁半夜做了一个预测或者供需关系集成的噩梦后醒过来,他会给谁打电话?"一些公司,关于这个问题的回答千奇百怪,从"他不知道给谁打电话"到"他会给销售副总监打电话"都有。还有一些公司,我得到的答案非常统一,就是一位专门负责预测和供需关系集成的负责人。当后一种情况发生的时候,我就知道这家公司处于4阶,这家公司的确有一位预测和供需关系集成的拥护者。

## 考核

部门资源整合中的下一个论题是考核。处于1阶的公司,并不会考核参与预测流程的员工在预测方面的表现。这种考核制度的缺乏是第4章中博弈行为出现的主要原因。在第6章"预测绩效评估"中,我介绍了一句话："有评估才有奖励，有奖励才有动力。"这句管理上的话在这里也同样适用。当不对预测的准确性和实用性进行考核时，那些负责提供预测结果的人要么只花费很少的时间和精力进行预测，要么会使用预测流程来达成第4章讨论的一些个人"打算"。说回考核，处于1阶的公司并不存在对预测表现的考核。在我曾参与项目的一家公司中，销售团队的人员如果按时完成预测，就能得到奖金。无论是否准确，只要准时就能拿到奖金。这是处于1阶公司的情况。

处于2阶的公司有针对预测表现的考核，但是只限于预测团队的成员。处于2阶的公司会考核预测准确性，也会给预测员设定准确性目标。完成目标有奖励，完不成目标也会有惩罚。这一做法的确比处于1阶的公司的做法好，但是依然不是最佳，因为考核只是针对预测团队，参与预测流程的其他部门如销售、市场或者销售规划部门并不会被考核。处于3阶的公司在考核时则涵盖了这些部门。在处于3阶的公司中，每一个参与预测流程的人所做出的贡献公司都会进行计量。也就是"有评估才有奖励，有奖励才有动力。"例如，一家公司如果想要销售人员认真参与预测，那么就一定要记录销售人员在预测中做出的贡献，并考核他们在预测中的表现。表现好有奖励，表现不好有惩罚。

最后，对于处于4阶的公司来说，他们意识到预测准确性是过程指标，而不是结果指标。这些公司致力于通过跨部门指标激励公司员工，尤其是高层。例如，在我曾参与过项目的一家公司中，销售总监的整体绩效指标中包含了成品存货量这一项。成品存货量是结果指标，但是这位销售总监必须在团队内部形成一种文化氛围，让团队成员能够保证预测数据这一过程指标准确可靠，这样公司才能够做出明智的跨部门决策以维持合理的成品存货量。以上这个示例展示了处于 4 阶的公司如何在预测流程中运用跨部门的指标进行奖励。

**需求预测、业务规划与目标设定的角色定位**

第 1 章中描述的供需关系集成过程本质上就是一种规划过程。第 1 章中提到了一个观点——当供需关系集成被看作一种"业务规划"而非"供应链规划"时，最有效。在第 1 章中描述的供需关系集成的理想状态（图 1-1）中，预测结果是业务规划中的一条输入信息。换句话说，就是预测作为未来需求量和供应量的最佳猜测，引出了一个计划，这个计划涵盖了未来要做的系列决策。更进一步说，每家公司都会建立许多业务目标，员工和部门会尽力完成这些目标，完成了目标会有奖励，没完成目标也会有一定的惩罚。另外，根据供需关系集成的理想状态，设定目标时至少对市场的真实情况进行评价分析。

在处于 1 阶的公司中，最好的情况是需求预测、业务规则与目标设定三者之间协调不顺畅，最坏的情况是这三者毫无关系。这些公司都是基于公司的财务指标做计划，并没有根据真实的市场需求进行冷静的分析。如第 1 章所述，这种情况叫作"计划驱动预测"，这是理想化供需关系集成最狡猾的异常之一。我们参与审计调研的一家公司为这个现象提供了很好的参考案例。需求规划员表示在他们公司存在的情况是这样的：他们通过一个月的辛苦工作得出的有理有据的预测结果，拿到预测融合会议时，高管看一眼预测结果后表示"不行，这不够。我们的预测数据不能这么少。每样再增加 10%。"这位预测员很挫败地跟我说："他们为什么不在月初的时候就直接告诉我们预测结果想要多少,这样我就能用这些时间来做其他有意义的事情了,比如打打高尔夫!"在这家公司以及部分我们参与过项目的公司中,需求预测、业务规划以及目标设定之间,要么是互不相干,要么是机能失调。

处于2阶的公司,会试图将需求预测与业务规划适当关联,将需求预测与目标设定剥离开来。但是,尽管有这样的动作,业务规划仍然不可避免地基于公司的目标产出,而非市场中的需求预测。换句话说就是,公司好像知道不应该这样做,但是每当财政季度或者年的结尾到来时,公司就不自觉地基于财政目标进行预测,希望这样可以帮助自己达成目标。

与上述这些存在问题的文化倾向不同,处于3阶的公司会严格遵照制定好的流程,基于严谨的预测结果进行业务规划。而对于进入4阶的公司来说,它们的迭代流程与第1章描述的理想状态下的供需关系集成相吻合,整个公司都要遵照这一流程办事。需求预测和财务目标在这种情况下都是整个业务规划流程中的输入信息。如果需求预测得出的数据显示无法达到财务目标,那么公司就要想出一些"消除差距"的办法,并通过供需关系集成选出最贴合财务目标、最符合战略方向的消除差距的策略。之后,选出的策略会转化为具体的行动步骤,最终构成业务规划。另外,公司的整体目标结合了对未来需求的冷静分析和公司的战略发展目标,这一目标会转化为一系列小目标,提升公司的整体激励效果。

**教育与培训**

预测和供需关系集成中,部门资源整合这一方面与文化的关联最大。

很多因素都会对文化造成影响，如前面讨论过的组织结构和考核。还有一种能有效发展开放协作公司文化的方式，就是对参与供需关系集成过程中的所有员工进行教育和培训。我在这里故意用教育和培训两个词，不要把它们当作同义词。简单来说，培训是教人们怎么做，而教育则是教人们怎么思考。两者都十分重要，但如果想改变文化，那么教育更重要一些。

处于1阶的公司，预测流程和供需关系集成过程中都没有对员工进行有效的教育或培训。在这些公司中，预测员学到的只是怎么操作预测系统，怎么在截止日期之前按步骤完成预测。整个公司中只有预测员接受所谓的教育或者培训，而参与这一业务流程的其他部门成员，如销售人员、产品经理或者市场人员，都未接受任何这方面的教育或培训。缺乏教育和培训的后果就是员工无法了解预测的目的、建立预测的方法以及预测完成之后的下一步工作。在这种参与其中的关键成员都对预测和需求规划知之甚少的情况下，公司内部几乎不可能形成开放协作的文化氛围。

处于2阶的公司为了提升预测过程，大力专注于培训——专注于教员工"怎么做"。这些公司会给员工培训统计预测的运作方式，以及获取定性判断并合并到预测结果中的步骤。由于这些公司给员工提供的培训比较偏战术性，所以只有有限的时间来帮助员工了解不同预测方法的优缺点。尽管这些培训的确给公司提供了驱动公司文化的机会，但是这些机会也是比较有限的，因为这些培训只围绕着"怎么做"，而不是"为什么做"。另外，只有预测员能够接受这些培训。引用一句老话，就是这种行为在一定程度上就是在"给唱诗班传道"。

进入3阶的公司更注重给预测员提供广泛的教育和培训。这些公司会花更多的时间给预测员提供教育，教育的内容主要是各种定量预测和定性预测工具以及方法背后的想法，帮助预测员识别不同预测方法存在的隐患。参与我们审计调研的一家公司，多年来投入了大量的资本给他们的预测团队提供正式的培训。该公司的培训包括带有正规练习讲座的录像带、阅读材料以及课程。课程结束后，为了检验学员掌握情况，还配备了测试。在预测员培训的过程中，他们对"怎么做"和"为什么做"都进行了重点学习，等他们获得证书时，就已经是被认可的专家了。但是，尽管这家公司在培训预测员方面已经做得很优秀了，但他们的供需关系集成过程依然算不上顶级。不管是对这家公司，还是任意一家公司来说，想要进入4阶并在这一方面真正做到顶级，就必须给每个参与供需关系集成过程的员工都提供教育和培训。换句话说，就是不只预测员需要教育和培训，如果销售人员、产品经理、市场经理甚至是高管，需要参与这个过程，那么他们就需要知道自己在这个过程中需要怎么做，以及为什么要这么做。如果公司能够为每个参与的人都提供教育和培训，那么这家公司就很好地利用了驱动公司文化的机会，而这种组织文化正是保证供需关系集成良好运行所需要的。可以回想一下本章之前举过的那个例子，市场总监理直气壮地表示："如果销售目标和供应链目标相冲突，以销售目标为主。"这种公司文化就需要通过精心设计以及良好执行的员工教育来改变（相应的绩效和奖励体制也要进行改革），将原来的文化转化为能够真正驱动整个公司供需关系集成的文化。

## 总结：公司如何精进部门资源整合

我们可以回顾一下部门资源整合能够解决的问题——一家公司为了支持预测以及供需关系集成，能够在信息提供者和需求者之间调动信息传递的能力有多强。问题都是与组织文化相关的。如果你在阅读本章时多次判定你的公司处于1阶或者2阶，那么你需要关注以下5个要点。

（1）着手于所在公司的供需关系集成过程，并尽力获得管理层面坚定的支持。我在本书中反复强调的一点就是，内部需求方的管理者（在制造型公司中是销售和市场部门，在零售公司中是销售规划部门）"完全"参与供需关系集成是非常重要的。找到一位支持供需关系集成的管理者，利用该位管理者的影响力来推进变革管理策略，以改变公司文化。

（2）注意公司的组织架构。试着建立一个真正独立的预测部门，该部门唯一的工作安排就是尽可能建立准确、无偏差的预测来推进需求规划过程。找到一位预测和供需关系集成的拥护者，他的全部工作就是有效地推进流程精进以及文化改革。

（3）考核每个参与流程的员工的表现。"有评估才有奖励，有奖励才有动力。"

（4）确保每个参与的成员都理解需求预测、业务规划以及目标设定之间的区别。使用组织架构、考核以及教育和培训来保证这3个流程排序恰当：需求预测驱动业务规划和目标设定流程，注意三者都要采用迭代的方式。

（5）调用资源，对每一位参与供需关系集成的员工进行教育和培训，使员工了解怎么执行他们正在做的事情以及为什么要做。

关于部门资源整合还有最后一点劝告：从我们与诸多公司合作项目

的经验来看,这个是最难改变的一个方面。但是,一旦公司在这个方面走上顶级公司的道路,能够获得的回报也是最多的。对于需求预测和供需关系集成来说,全公司的人齐心协力比任何因素都重要。

## 需求预测的方法

需求预测的第二个方面是方法。这一方面解决的问题是"建立需求预测需要什么方法和流程"。如前文中提到的,优质预测来源于文化、过程和工具,而方法这一方面就是对预测和供需关系集成过程因素的描述。表7-2对方法这一方面进行了总结,后面的小节会对其中包含的5个论题进行详细阐述。

表 7-2 需求预测的方法

| 论题 | 1阶 | 2阶 | 3阶 | 4阶 |
| --- | --- | --- | --- | --- |
| 预测观点 | 计划驱动预测 | "由下至上"预测 | "由上至下"与"由下至上"预测相结合 | "由上至下"和"由下至上"预测相结合,并辅以细节化调和 |
| 预测依据 | 基于历史发货量进行分析 | 基于历史发货量与延期未交订货量进行分析 | 基于历史发货量、延期未交订货量和"自认定需求"进行分析 | 出货量与售货量的全面可视性保证公司可以基于真实需求建模 |
| 预测机制 | 不存在机制 | 确定了部分机制,确定了产品面和地域面 | 完整的预测机制,确定了产品、地域和客户三个方面 | 完整的预测机制,不同层面和预测面之间可以调和 |
| 统计分析 | 对于历史需求没有统计分析 | 只有限利用一些简单的统计模型 | 适当使用时间序列法 | 适当使用时间序列法和回归分析 |
| 融合定性预测信息 | 很少使用甚至不使用定性判断对定量预测进行加成 | 销售部门、市场部门以及高管都会参与预测流程,但是在个人因素的影响下,他们提供的信息是十分有偏见的 | 销售部门、市场部门以及高管为定量预测结果提供带有偏见的定性判断信息 | 内部和外部(如客户)的定性判断信息都会融入预测流程 |

**供应链与需求管理：**
精准预测需求与高效匹配供需

## 预测观点

预测观点这一论题描述了在建立预测时采用的角度。处于1阶的公司建立预测采用的角度是公司的财务目标，也就是计划驱动预测。本书的很多部分都讨论了计划驱动预测的隐患本质，所以在这里就不赘述了。只说一点就够了，那就是通过财务目标的角度建立预测是不对的。这是处于1阶的公司的常见情况，很显然非常需要精进。

处于2阶的公司建立预测采用的角度是"由下至上"。这种方法的流程是依次探究每个客户的需求，之后将所有的单个预测结果相加并完成一个整体的项目。在采用这种预测角度时，只需要逐个采访A级客户，对于小客户可以归类到"其他"中，之后使用统计模型对这些客户进行整体预测。A级客户的预测结果，加上"其他"客户的预测结果构成了该单品、品牌、产品族或者其他当时预测的产品层面的预测结果。这一简单直接的预测过程提供了非常宝贵的预测建议，但是也的确存在一定的隐患。其中一个隐患可以通过两个我们参与审计调研的公司的案例来进行论述。第一家公司是光导纤维（简称"光纤"）的制造商，这种头发丝一般的线状玻璃如同全世界数字信号转换的脊梁。如第2章中讨论的，光纤的预测单位是千米。也就是说，在探究需求相关问题的时候，应该问"未来一段时间内的光纤需求会是多少千米"。

这家光纤公司的直接客户是使用"搓绳机"的公司，这些公司在整个供应链中的作用是购买光纤，将一些光纤捆成一股，并在这些脆弱的线状玻璃外面裹上保护材料，生产出供给通信公司的光纤电缆，通信公司再将这些光纤电缆埋在地下，提供数据转化服务。所以光纤公司的销售人员应该与制造光纤电缆的公司联系，获取需求预测信息。这家光纤公司的一位需求规划员告诉我一个故事，这个故事揭示了这种由下至上预测角度可能蕴含的隐患。可以想象一下一位需求规划员去跟一位销售人员要他下个季度的需求预测。销售人员可能会这样回答："我的客户电缆 A 公司，很有把握能够拿下韩国的光纤合同，所以他们下个季度需要 4 万千米的光纤。"需求规划员记下这一预测数据之后去找下一位销售人员。下一位销售人员回答："我的客户电缆 B 公司，很有把握能够拿下韩国的光纤合同，所以跟我定了 4 万千米的光纤。"需求规划员此时已经有些困惑了，但也去找了下一位销售人员，而这位销售人员则回答："我的客户电缆 C 公司，指望着签下韩国的光纤合同，所以我需要 4 万千米的光纤。"反应快的人在这里应该已经发现问题了。A、B、C 这 3 家公司里只有一家能签下韩国的光纤合同，所以这位需求规划员如果严格按照由下至上的预测流程，那么预测需求就会比实际需求偏高 8 万千米。

与第一个例子类似，第二个例子也来源于我们参与审计的一家糖果制造公司。这家糖果制造公司把糖果卖给零售商，零售商再把糖果卖给客户。在这个案例中，需求规划员和销售人员之间的对话大致是这样的。销售人员说："我的客户零售商 A 公司，下个季度要增加糖果的进货量，因为他们觉得这个利润高，所以下个季度的进货量上调 5%。"下一位销售人员说："我的客户零售商 B 公司，下个季度会把糖果作为战略主打商品，所以需求上涨 5%。"第三位销售人员对零售商 C 公司的预测也一样。每一家零售商下个季度的需求都上涨 5%。但是，需求规划员在对整体行业趋势进行研究之后，发现过去几个季度糖果需求并不是很大，所以如果零售商 A 公司要扩大糖果的份额，那么零售商 B 公司或者零售商

C公司就没办法扩大份额，也就是说A、B、C这3家公司的需求都上涨5%是不可能的。那么该怎么办？

答案就是按照3阶公司的做法，将"由下至上"和"由上至下"的预测角度进行结合。由下至上的预测是对每一位客户进行预测，由上至下的预测包括两个方面：第一，需求规划员必须对所预测的产品或服务的整体行业需求进行预测；第二，需求规划员必须预测他所在公司的行业份额。将这两者相结合，得出的就是由上至下的需求预测数据。在上面的两个案例中，由上至下提供的预测数据与由下至上预测得出的结果完全不同。处于3阶的公司同时采用这两种预测角度进行预测。处于4阶的公司则更进一步，会对两个角度产出的不同结果之间的差距进行调和。这样的调和过程不仅让需求规划员能够获得更实用的预测结果，而且还让需求规划员能够更好地掌握业务动态，在整个供需关系集成过程中扮演更有价值的角色。

**预测依据**

方法的第二个论题是预测依据。如第2章所述，预测的真实需求是"在条件允许的情况下，客户会从我们这里买什么"。如果公司服务能力或者产能充足，所有订单都可以按照客户要求的时间和量级保证供应，那么"我们发了多少货"就与"客户需要多少"是相同的。但是，这种理想状态很少能够达成，所以就产生了这一方面的第二个论题，确认正确的历史数据来源以完成统计分析。

处于1阶的公司使用历史发货量来进行统计分析，用于对未来需求的预测。这一过程执行起来的确比较简单。调取实际的发货记录，按月进行分析寻找需求模式，将找到的需求模式直接用于未来的需求预测。可以回顾一下第2章中提到的使用历史发货量代替实际需求所蕴含的隐患，其中有一个化学公司预测苯甲酸钠需求量的例子。该公司无法在客户需要的时间段内提供客户所需的产品量，公司在8月给客户发货15,000磅，9月发货5,000磅，但这并不是客户的真实需求。客户的真实需求是8月就需要20,000磅。对于处于2阶的公司来说，这样的问题很好解决，更改发货记录，公司很轻易就可以知道8月的需求量是20,000磅，这一数字也可以用作后续的需求预测。

但是如果你还记得第2章中的例子，就会知道后来客户决定不需要9月发货的那5,000磅了，因为他们必须8月就要20,000磅，所以这家公司无法调整订单让8月的整体需求变成20,000磅。在这种情况下，处于2阶的公司就会得出错误的预测数据。但是处于3阶的公司会有更精妙的办法，他们会建立一个"跑单"记录，就是表7-2中的"自认定需求"。这样公司就可以知道8月的真实需求是20,000磅，可以使用这一数据进行统计分析，并将找到的模式用于未来的需求预测。所以，处于3阶的公司在分析真实历史需求方面做得比处于1阶和2阶的公司都好。

在这个论题中达到4阶的公司是那些通过分销渠道售卖产品的公司。在这方面采用最佳处理办法的公司会把出货量和售货量都记录下来，这样公司在断货情况下也能进行需求建模，进而公司可以使用客户的真实需求进行预测分析。所谓出货量指的是零售商的需求量，包括放置在零售商分销中心的库存、单个门店后仓的库存或者货架上的商品。售货量指的是实际通过门店收银机销售出去的货物量，这一数据一般是由零售商以零售终端数据的形式提供给制造商。出货量只是制造商的内部数据，如果可以拿到售货量数据，那么就可以用两种数据进行分析。如果出货量大幅超出售货量，就代表库存出现积压。如果售货量超过出货量，那么就代表库存即将耗尽。制造商如果可以通过这种方式对零售商库存进行建模，就可以精准地算出零售商门店或者经销中心出现断货的可能性。一旦零售商下发库存管理政策，进而导致需求上涨或者下降，制造商也可以未雨绸缪。

**预测机制**

第 2 章中讨论了预测机制的定义。预测机制是对预测粒度水平的一种描述方式。例如，对于一个产品，我们可以针对单品维度进行预测，也就是最低粒度水平；也可以针对品牌维度进行预测，其预测粒度比单品维度高一级；或者是产品族维度，其预测粒度比品牌维度高一级；还可以是整个公司的维度。这些名词的命名方式在每个公司不同，所以每个公司使用的术语也就不同。例如，我们审计数据库中的一些公司中，最低粒度水平是"零件编号"维度，还有一些公司，产品族维度处于品牌维度和单品维度之间。但无论这些维度是怎样界定的，概念都是一样的——预测机制描述的是低维度的预测如何聚集，或者说如何"上升"到高维度预测。再回想一下预测机制分为 3 个"面"：产品、地域和客户。如第 2 章中所述，人们应该将自己掌握的信息输入对应粒度的维度中，然后从他们需要的粒度维度中获取信息。这种预测机制一般是在公司的主干资源计划系统中执行，该系统包含不同产品、客户以及地域维度的"父子"关系。

处于 1 阶的公司，并不存在预测机制。如果这家公司一个部门需要某个单品维度的预测结果，同时另一个部门需要某个品牌维度的预测结果，那么公司就必须开展两个预测流程以完成各自部门的预测。处于 1 阶的公司出现这种情况大多是因为没有安装公司资源计划系统，或者公司资源计划系统更新不及时。相反，处于 2 阶的公司，至少存在一种预测机制。通常来说，如果在一家公司中，预测机制的"三面"只确定"一面"，那么就是产品面。但是，如果想要充分规划分销和销售覆盖范围，客户面和地域面都有着同等的必要性。处于 3 阶的公司，预测机制的三面都在公司系统中运行。而处于 4 阶的公司，三面的预测机制都完全运行，预测机制内部的数据在不同维度和不同"面"之间可以充分"流通"。换句话说就是，处于 4 阶的公司真正做到了"将自己掌握的信息输入对应粒度的维度中，然后从需要的粒度维度中获取信息"。

**统计分析**

本书的第 3 章讨论了定量预测法或者说统计预测法。但不幸的是，在实践中，一些处于 1 阶的公司并没有很好地利用从历史需求中获得的信息，也没能使用分析工具来定位历史需求模式。当然了，在一些案例中，定量预测的确没能提供很多帮助（可以回顾一下波音公司需求预测的案例）。如果一家公司可以从统计分析中获取信息，但是并没有进行这样的分析，那么就可以判定其处于 1 阶了。在一家我们初期进行审计的公司中，我们非常惊讶地发现尽管他们的产品需求存在鲜明的历史趋势和季节性，但是他们唯一使用的预测法就是给销售人员发一张几乎是空白的表格，并附上一个问题："你觉得下个季度能卖多少？"很显然，这家公司深陷于1阶的泥沼之中。

处于2阶的公司会使用一些统计工具进行预测，但是使用的工具都比较初级，而且经常使用得不恰当。例如，一家公司如果只计算前一年中每月的平均需求量，并使用这一数据作为来年的预测基础，那么就可以判定这家公司处于2阶了（当然，除非历史需求模式是纯随机噪声模式，这种情况下平均法是最实用的预测法）。还有一个例子——有一家公司需求呈季节型趋势，每4个月重复一次，该公司使用6个月周期的移动平均法。如第3章所述，这种方法对于统计模型来说并不是一个合适的选项，这也彰显出这家公司正处于2阶。

当一家公司进入3阶之后，已经掌握了所有时间序列法，并适当使用这些预测法来精准地探索历史需求中的需求模型，进而用于未来需求的预测。通常来说，当一家公司进入3阶之后，其所使用的高级预测软件包含一批时间序列的算法，而且该软件可以通过"精选"功能匹配出"最"适合历史需求的预测算法。当然，正如第3章中"圣约翰草"的案例所述，这一精选功能在使用的过程中也有需要注意的地方。到达4阶的公司，不仅使用时间序列法，也会使用回归分析或者其他建模工具来探究需求与自变量之间的关系。以我们的经验来看，从这种统计分析中获益最大的公司往往是对促销非常敏感的公司。这些公司会记录不同促销策略下的需求"上涨"情况，在未来规划类似促销活动时，可以基于这些记录进行预测，这对公司帮助很大。同时，公司还可以根据历史促销活动，分析需求上涨效果最好的活动，进而制定可以让公司获益的战略决策。

**融合定性预测信息**

如第 2、3、4 章所述，能够带来最佳预测结果的预测流程，应该是得出定量预测结果之后，根据经验人士的定性判断对预测结果进行加成。换言之，就是预测的第一步是对历史需求进行统计分析，定位历史数据中的需求模式后，将其用于未来需求的预测。第二步是经验人士对定量预测结果进行检验，并根据他们对未来需求模式变化的判断，对预测数据进行调整。

处于 1 阶的公司，几乎不会安排销售人员、市场人员或者高管对定量预测结果进行定性调整。下面这个案例也是来自预测数据库中的一家公司，在我们对这家公司开展审计项目之前，他们刚刚重金安装了一个定量预测系统。而这个系统的安装带来了一个意想不到的后果，就是这家公司的销售和市场团队不再给预测流程贡献信息。在我们采访销售和市场人员的过程中，他们的态度变成了"你看，我们在这个预测系统上投入了这么多钱，那我们就不需要再参与预测了，让系统预测吧！"而根据平均绝对误差百分比测算，该公司引进新系统后，整体预测表现反而变差了。事实上，整个预测流程退化了。

处于 2 阶的公司，其各参与方比较积极，包括销售部门、市场部门以及高管，但是较高的参与度有时候却由于一些政治风气的问题，导致弊大于利。正如第 4 章中讨论的，公司中定性预测信息比较常见的提供者，如销售部、市场部、产品管理部以及高管等，经常要面对一些除了预测准确性之外的其他目标。我就不在这里重复了，读者可以回顾一下第 4 章的内容。处于 2 阶的公司如果想要进入 3 阶，需要对预测结果进行严格评估，并设计奖励制度以强调预测准确性的重要性。处于3阶的公司中，销售部门、市场部门、产品管理部门以及高管都积极地参与预测过程，而且能够提供有帮助的预测信息。这些公司都建立了相关的流程来将信息提供者的优势最大化，同时又不会使整个流程变得冗杂。如第1章所述，这些流程一般会安排在架构良好的供需关系集成过程中的需求评估环节。

在这个领域能够进入4阶的公司，不仅能够有效地利用内部的定性预测信息，而且也能有效地利用外部资源。定性判断信息中最常见的一种外部资源就是客户端反馈的信息。如第5章所述，公司通过与特定的客户合作，能够获得十分重要的预测信息，这些特定的客户应该是有意愿也有能力提供预测信息的客户。尽管客户端的预测信息可以通过销售人员获得，但是预测员通过直接与客户合作可以更好地理解需求模式中潜在的变化，进而为公司创造价值。这种情况在零售环境中尤为适用。零售环境，即制造商通过零售商客户将产品销售给终端客户。预测员通过与客户采购部门的员工直接合作，可以非常有效地获取客户的需求预测信息。如第5章所述，这种合作过程可能非常不正式，也可能是处于协同式供应链库存管理这种非常正式的关系中。但无论是怎样的合作关系，能够获得重要客户预期需求数据的合作关系，都能够让一家公司在方法这一方面成为顶级需求预测公司。

## 总结：公司如何精进预测方法

首先回顾一下，方法这一方面回答的问题是"建立需求预测需要什么方法和流程"。如果说部门资源整合与文化有关，那么方法就与过程有关。如果你在阅读本章时多次判定你的公司处于1阶或者2阶，那么你需要关注以下5个要点。

（1）由上至下（行业维度）和由下至上（对每一个客户进行询问）都是有效的。公司应该采用这两种预测角度，并对这两种预测角度得出的结果之间的差距进行分析（通常来说都是有差距的），这样可以帮助公司更好地进行预测，并更好地理解公司的业务动态。

（2）要尽一切努力保证预测使用的是历史需求数据，而不是销售数据。想要掌握真实的历史需求数据并不容易，但是尽力找到与真实需求最贴合的替代数据还是很值得的。

（3）建立并使用预测机制。如果你所使用的预测引擎是Excel或者其他电子表格工具，那么建立并使用一个有效的预测机制还是比较困难的。你需要利用设计缜密并且可执行的数据架构，来保证其有效地与预测机制中的不同维度合作。你需要达成的目标是"将自己掌握的信息输入对应的粒度维度中，然后从需要的粒度维度中获取信息"。

（4）利用定量预测的价值。当你在预测未来会发生什么时，过去是一个很好的预测起点。在恰当使用时间序列法、回归分析或者其他建模工具的过程中，公司能够获益良多。

（5）将定量预测的结果与人为提供的定性判断相结合。激励提供定性判断的人员可以帮助整体预测结果更加准确。

方法与文化关联不大，因此没有部门资源整合那般难以提升，但是也并不容易。对方法进行有效变革经常被一种说法阻碍，就是"我们一直都是这么做的"。惯性是强敌，想要让人们改变他们原有的做事方法十分困难。但与此同时，如果方法上的提升能够与部门资源整合带来的文化变革相结合，那么公司能够大幅度提高需求预测水平，提升供需关系集成以及整体的业务表现。

# 需求预测使用的系统

需求预测的第 3 个重点是系统。这一方面解决的问题是"公司支撑需求规划过程的信息系统状态如何"。可以回想一下构成优质预测的 3 个因素：文化、流程和工具。系统描述的就是预测流程和供需关系集成中工具这一因素。表 7-3 对系统进行了总结，后文的内容会对其中包含的 4 个论题进行阐述。

表 7-3 需求预测的系统

| 论题 | 1 阶 | 2 阶 | 3 阶 | 4 阶 |
| --- | --- | --- | --- | --- |
| 整合程度 | 各系统之间独立，需要人为转移数据 | 各系统之间独立，但可以通过自定义接口相连 | 供应链软件集部分整合 | 整合的软件集可以将外部数据与供应商、客户共享 |
| 获取绩效评估报告 | 预测系统中没有对绩效指标的计算 | 每个系统单独计算绩效指标 | 能够计算绩效指标并可以在线上查看 | 提供人性化的需求预测绩效评估报告 |
| 数据完整性 | "群岛性分析"比较常见 | 各系统分配到的数据库不一致，导致数据需要频繁修改 | 历史需求数据存放于数据仓库，批量更新 | 数据仓库使得历史需求数据可以实时更新 |
| 系统基础建设 | 对于硬件、软件以及技术支持的投资不充足 | 只对硬件、系统维护和升级进行最低限度的系统基础建设 | 为系统维护和升级提供可接受的系统基础建设 | 优秀的系统基础建设保证系统可以及时升级和改进，以支撑预测管理 |

在第 2 章中，我一直在强调系统并不是"尚方宝剑"。意思就是一家公司无法依靠一个预测系统将他们的预测提升到优质水平。我曾经在

其他地方也说过，在建立优质的预测和需求规划时，文化的问题占60%，流程的问题占30%，工具的问题只占10%。但是，尽管工具（或系统）的问题只占10%，我依然坚持系统是十分重要的。

想要针对系统进行解释，可以参考图7-1，之前第2章也对这一图片进行过讨论。

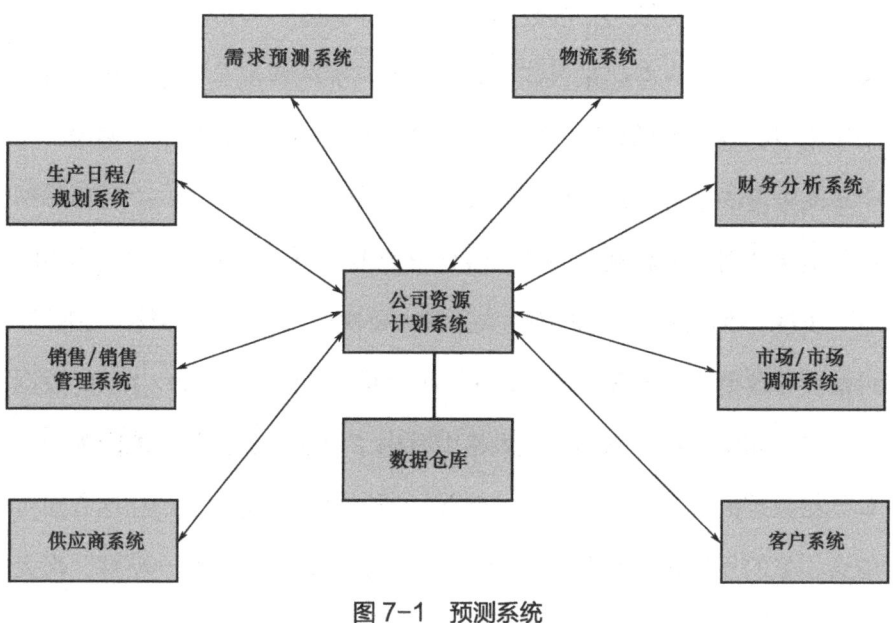

图7-1　预测系统

**整合程度**

图7-1对一家公司的组织系统架构进行了简单的概括展示，其中需求预测系统与公司资源计划系统直接相连，而公司资源计划系统与公司数据仓库直接相连。处于1阶的公司，并不存在图7-1暗含的整合程度。而且，在这样的公司中，预测所需的历史需求数据很难从数据仓库中获

得，必须手动从数据仓库传递数据到预测系统中。同样，处于1阶的公司，预测完成后，预测结果也必须手动地传递给需要预测数据进行规划的系统，如供应商系统、生产规划系统或者库存管理系统（图7-1未展示）。

有时，人为传递数据，需要数据输入源人为键入数据。我曾经在数据加工行业工作过一段时间，当时拜访过一家公司，看到有员工在工位上手动将一个系统中提取出来的数据键入另一个系统，旁边摆着一摞打印出来的资料，整个人看起来很痛苦。但是更常见的情况是，分析员会把一个表格里的数据"剪切"，然后"粘贴"到另外一个表格中。例如，一个单品维度的预测完成之后可能会以电子表格的形式输出，之后预测结果可能会"剪切—粘贴"到产品规划申请项目中，变成一个完全不同的电子表格。尽管这种方法的确比人工键入要快得多，但是"剪切—粘贴"可能会导致更多的错误。例如你在一个表格里剪切一块 $100 \times 100$ 的数据单元格，如果在粘贴到另一个表格中时出了错误，那么就可能因为一个单元格数据的错误造成10,000个错误！所以处于1阶的公司在这方面可能会引发的后果也比较明显。无论是通过键入还是"剪切—粘贴"来人为转移数据，都十分容易出现错误，同时也浪费了大量时间。

处于2阶的公司，人为的数据转移方法被取代，代之的是通过自定义结果将独立的系统连接起来。在这样的情况下，有许多下游的供应链系统需要使用预测系统提供的数据，但是这些系统之间的数据转移都需要通过自定义代码来实现。这种方法也暗藏着很多问题。一个是完成这些自定义的接口需要花费大量的时间和精力。而且，在这些自定义的接口完成之后，由于升级也可能需要对自定义接口代码进行重写，公司对接口两端的系统可能都不愿意进行升级。最后，经过一段时间后，这些接口可能会变得比较复杂。当初我在计算机行业工作的时候，"杂乱"一词就是用来形容这种状态的接口（相反的状态是"简洁"）。这样复杂的接口运行速度通常很慢，拉低了预测系统的计算效率。我曾经还接触过一家公司，这家公司的这些接口实在是太复杂，整个公司只有一个人能明白这些接口的工作原理。一旦这个人退休或生病，或者被竞争对手聘走，那么这家公司就有麻烦了，因为其他人都不能真正理解数据到底怎样在预测系统中移动。

处于3阶的公司，其不同预测系统和供应链系统之间的接口就比较"简洁"，而不"杂乱"。一般来说，系统中单个软件的功能由软件供应商提供，之后再将接口植入整合的系统。一些预测系统的供应商知道，如果接口是独立的，那么客户可能不会选择他们的产品，所以他们会提供将接口植入以及植出公司资源计划系统的服务。这种系统之间的整合在处于4阶的公司中又升级了。处于4阶的公司，不仅内部的预测系统和供应链系统之间存在紧密的整合关系，而且内部系统与外部的客户、供应商系统之间也存在整合关系。我们在第1章中有关外部供需关系集成的讨论，说明了信息会在一家公司所处的供应链中不同成员之间流动。制造商客户的需求计划可以成为配件制造商的需求预测信息，配件制造商的运营计划可以成为制造商客户的产能预测信息。处于4阶的公司，这一信息流通过程是无缝衔接的。

**获取绩效评估报告**

第6章中讨论了对预测进行绩效评估的原因。预测准确性是需求波动性的一种常见的替代衡量方式，而需求波动性是计算安全库存量时十分重要的一个变量。预测准确性指标可以验证需求规划员选择的预测流程和方法的实用性。管理者可以通过对准确性的评估与追踪，掌握关键信息，进而对整个流程的提升效果进行评估。另外，有了良好的准确性指标，管理者就可以对预测表现给予奖励或者进行问责。但是，如果预测系统中不存在绩效指标，那么上述益处都无法获得。就这个论题来说，做得最好的公司和做得最差的公司之间的差距，在于需要绩效指标来驱动预测质量提升的负责人是否可以获得对应的预测评估报告。

处于 1 阶的公司，也就是做得最差的公司，其预测系统中并不存在针对绩效指标的计算。这不是说整个公司内都没有针对预测绩效指标的计算，因为在处于 1 阶的公司中，存在个人计算预测指标以自用的情况。但是，公司并未对这些绩效指标进行统一计算并分配给需要这些数据的人。在这种缺少公司统一控制的情况下，公司无法跨产品、客户或者地域对绩效指标进行评估。处于 2 阶的公司则相反，其的确为需要绩效指标的负责人提供数据，但是这些公司分配数据的方式很烦琐。处于 2 阶的公司通常使用 Access 和 Excel 提取预测数据，并将提取的数据导入电子表格来计算绩效指标。由于这一系列流程大部分是在线下操作的，所以负责人只能通过打印出的报告或者定制性不强的电子表格来查看绩效指标。因此，这种方法其实并不便捷。

处于 3 阶的公司使用的方法更高阶，他们直接使用预测系统计算绩效指标。大多数高级的预测系统都可以直接在系统中计算绩效指标，只要特定的用户有指定授权，那么这些用户就可以直接从预测系统中访问这些指标数据。处于4阶的公司采用的报告生成系统非常便捷，指定用户可以根据个人需要在系统里生成相应的绩效指标。例如，在这样的公司中，销售经理可以查看某一位销售人员对某一客户的某一产品族需求量的预测准确性，并将这一数据与该公司销售人员的平均预测准确率进行对比。库存经理可以在系统中查看某一区域中某一单品的12月滚动平均绝对误差百分比，之后可以利用这一数据来计算分配中心该单品的安全库存。换言之，处于4阶的公司可以在员工需要的时候给他们提供想要的绩效指标。

**数据完整性**

门泽尔和卡恩在他们1995年发表于《预测学期刊》（*Journal of Forecasting*）的文章[6]中说到，对于预测数据使用者来说，预测流程最重要的成果是预测准确性。其实，数据可靠性也同样重要。也就是说，预测数据使用者希望自己拿到的预测数据是准确的，同时也希望这些数据的完整性是可靠的。数据完整性是数据可靠性最大的影响因素。处于1阶的公司经常要面对数据完整性的难题，因为他们的预测情况是"群岛性分析"。"群岛性分析"是由门泽尔和穆恩[7]提出的术语，描述一些公司内部员工使用不同的、无关联的且互相之间无协调的工具来预测不同产品或者客户的需求。当公司分析员各自使用自己计算机上的Excel或者其他电子表格来进行需求预测时，通常就会出现"群岛性分析"现象。在我们曾经参与过项目的一家公司中，一位观察员跟我们说，他们的"群岛性分析"现象盛行到整个公司掀起了"电子表格热"。为什么说"群岛性分析"不是最佳的预测状态？首先，如果公司在预测时过度依赖电子表格，那么会很难对预测机制进行集中管理。其次，在这种情况下，公司很难统一把控对历史需求进行建模的方法。但是"群岛性分析"最让人困扰的问题，就是缺少数据完整性。如第2章以及图7-1中阐述的，在一项设计缜密的系统架构中，专业化管理的数据仓库能够控制公司数据的访问权限以及数据的完整性。而当数据在分析员个人的计算机上通过电子表格修改过后，数据完整性就会降级，导致预测结果可靠性降级。

在处于2阶的公司中，"群岛性分析"并不是问题，但是当历史需求数据储存于不同的数据仓库中，而且为了在不同系统上使用历史数据而要对数据进行处理时，数据完整性就是问题了。举个例子，我们团队曾经见过一家通过收购其他公司而迅速成长的公司，这家公司在数据完整性方面存在着大量问题。在这家公司中，存在着大量的公司资源计划系统，这些系统由多个数据仓库提供支持。在这种情况下，公司必须定期对数据进行转换，以保证一个系统中的零件编号可以与另一个系统中的零件编号相匹配。这种重复性的数据处理导致了各种问题的出现，包括延迟、错误，最终让预测员对预测数据的完整性失去信心。

处于3阶的公司则具备图7-1中呈现的集中、专业管理的数据仓库。这些公司通常会根据新的预测结果或者实际需求对这种数据仓库进行批量更新，频率一般是每天一次，即每天公司都会有新的订单并对订单进行加工处理，而数据仓库每天都会根据新的信息进行更新。在大多数情况下，这种更新的频率是足够的。但是，在一些情况下，供需关系的性质决定了实际情况的多变，所以数据仓库需要进行实时更新，而能够做到这点的公司，就已经进入了4阶。这种实时更新业务环境最常见的情况是在进行大量促销活动时。在这样的情况下，供需关系需要实时进行平衡，所以数据仓库需要实时更新以辅助这一平衡动作。

**系统基础建设**

系统方面的最后一个论题是系统基础建设。这个论题中，处于1阶到处于4阶的公司之间的区别在于一个判断性问题——为了保证需求预测部门有效运行，公司是否提供了足够的硬件、软件以及技术支持。例如，在我们曾经审计过的一家公司中，预测流程要求在全世界的销售团队，每月定期登录预测系统对基础版的定量预测结果进行调整。但是，销售人员每次要等待几个小时才能够从计算机端登录预测系统，所以，他们并没有提交预测结果。这种没有"充足的"基础建设的公司，是处于1阶的公司。而我们在另一家公司进行审计时，发现该公司使用的预测软件已经有3次没有升级了，很多功能都没有使用，因为这个软件的更新在技术支持部门那里的优先级太低。这也是一个处于1阶的公司的案例。还有另一家公司，这家公司的需求规划团队配备了一位专门的技术支持员，该员工专门负责系统更新，根据需求对系统进行升级，而且频率是每天而非每周或者每月。这家公司的硬件配备能够满足需要大量计算的预测环境需求（程度可以细化到某个地域内成千上万个单品的月度预测）。这家公司的基础建设"非常优秀"，其是处于4阶的公司。在处于1阶和处于4阶的公司之间，有能够保证最低程度的基础建设的公司（2阶），有能够保证可接受程度的基础建设的公司（3阶）。

## 总结：公司如何精进预测系统

回顾一下，系统这个方面回答的问题是"公司支撑需求规划过程的信息系统状态如何"。部门资源整合与文化相关，方法与过程相关，系统则与工具相关。如果你在阅读本章时多次判定你的公司处于1阶或者2阶，那么可以按照以下步骤对公司的预测系统进行升级。

（1）加大对整合方面的投资。这点并不是说公司唯一需要的预测系统就是供应链整合软件集。有一些预测系统是"最佳选择"，它们可以很好地与公司整体的信息基础建设相融合。但是，当制定预测系统相关决策时，公司应该格外注意预测系统与公司主信息系统的融合程度、预测系统访问公司数据仓库的路径，以及预测系统与其他系统交换信息的流程。

（2）给用户提供绩效指标。由于预测是一种管理过程，所以绩效指标十分重要。负责人如果无法获取这些绩效指标，就无法有效管理预测流程。

（3）保证数据完整性，以保证预测数据的可靠性。对预测数据完整性破坏最大的一句话，就是用户说"你的数据不准确"，所以将预测流程整合到公司数据仓库战略中十分关键。

（4）投资基础建设。那些对预测流程大幅投资，但是对技术支持和版本升级克扣成本的公司，就是"捡了芝麻，丢了西瓜"。

关于系统方面还有最后一点注意事项，这点我已经多次强调了——系统并不是"尚方宝剑"。在我的经验中，很多公司一旦对预测效果不满意，都会立即购买并安装一个预测系统，试图解决问题。尽管没有经过科学证实，但是我猜他们这样做是因为这是最简单的解决方法，我说得简单并不是说安装预测系统不需要任何的工作量。只是在很多公司里，安装系统的确是很多人都比较熟悉的一种工作。系统能够帮助人们进行项目管理、提供计划评审技术图和甘特图、分派职责、提醒报告截止日期以及记录项目状态。但是，改变文化却是比较模糊的概念，而且并不像人们熟悉的项目管理那样好用。公司一向擅长项目管理，但是不擅长变革管理，所以"安装"一套新文化比安装一套新系统要难得多。而不幸的是，改变文化所带来的影响，也比改变系统所带来的影响大得多。

## 如何进行绩效评估和奖励

我们对于最佳需求预测要讨论的最后一个方面是绩效评估。这一方面回答的问题是"如何对预测进行绩效评估和奖励比较合适"。部门资源整合与文化相关，方法与过程相关，系统与工具相关。而绩效评估则是将这些方面关联到一起，使用工具来评估过程，进而影响文化。如表7-4所示，绩效评估这一方面只有两个论题：如何进行绩效评估、如何进行绩效奖励。

表 7-4 绩效评估

| 论题 | 1 阶 | 2 阶 | 3 阶 | 4 阶 |
|---|---|---|---|---|
| 如何进行绩效评估 | 不进行绩效评估 | 主要通过平均绝对误差百分比进行预测准确性评估 | 通过平均绝对误差百分比评估预测准确性，通过偏差率图表呈现预测偏差 | 多维度评估指标，预测准确性和偏差都与供应链指标相关联 |
| 如何进行绩效奖励 | 不对任何预测进行预测准确性绩效评估 | 只针对预测员进行预测准确性绩效评估 | 针对参加需求规划过程的所有人进行预测准确性绩效评估 | 全公司都要针对供应链指标（如库存）和客户服务指标（如供应比率）进行考核 |

## 如何进行绩效评估

处于1阶的公司，没有针对预测的绩效评估。当我们与一家公司合作项目的时候，很明显就能看出这家公司在这方面是不是处于1阶的状态。在这样的公司中，员工面对预测准确性的问题一般都是两眼一抹黑，或者回答说"我觉得我们肯定能做得更好"或者"我觉得我们的预测准确率大概在75%"（如果被采访的员工是低质预测结果的"受害者"，那么回答可能就是"我们的预测准确率也就是25%左右"）。从开始看到这里的读者都知道，不对预测进行绩效评估是有问题的！

在处于2阶的公司中，绩效评估最核心的指标就是准确性，而准确性最常见的指标就是平均绝对误差百分比，或者平均绝对准确性百分比，也就是用数字1减去平均绝对误差百分比后的结果。如第6章中讨论的那样，平均绝对误差百分比是最常用也是最适用的准确性指标，而且只要正确评估，就可以用作计分指标。这一指标对记录个人或者团队一段时间内的预测表现十分实用，而且可以作为需求波动性的替代指标，用来计算安全库存量。但是，处于2阶的公司存在的问题是没有衡量偏差。平均绝对误差百分比是一个很好的计分指标，但并不是很好的诊断指标。如果不对偏差进行检验，那么就很难诊断出系统性的预测问题。

处于3阶的公司在固定的绩效评估流程中加入了对偏差的检验。公司一般采用误差率对偏差进行评估，误差率是对系统性预测问题最有效的探测指标，一般以图表的形式呈现最为高效。如第6章所述，在误差率图表中可以根据每个人的预测职责快速看出有"个人打算"的员工，如因为销售指标故意低报预测数据的销售人员，或者为了增加广告预算而故意多报预测数据的品牌经理。处于3阶的公司，在使用平均绝对准确性百分比进行计分的同时，也使用误差率图表进行诊断。

最后，处于 4 阶的公司已经超越了平均绝对准确性百分比和误差率这些过程指标，对库存周转率、供应比率以及加急费用这些结果指标也予以充分考虑，以指导公司制定战略性决策。如第 6 章所述，没有人会因为一家公司擅长做预测就购买或者售卖他们的产品，整个公司的表现最终还是要由结果指标来判定。顶级的公司会使用如预测准确性这样的过程指标来作为一些决策的参考，如要平衡成本与客户需求，在哪个区域应该存放什么样的产品等。

**如何进行绩效奖励**

处于 1 阶的公司没能按照"有评估才有奖励，有奖励才有动力"这句话来管理。在处于 1 阶的公司中，员工并不会因为建立准确无偏差的预测，或者为准确无偏差的预测做出贡献而受到奖励。在我们曾经参与项目的一家公司中，他们刚开始踏上对预测流程考核管理的道路，该公司的销售人员如果准时提交预测数据，则可以获得奖励。尽管这是一种可争辩的"循序渐进"策略，但是我们团队依然判定这家公司在这一方面处于 1 阶。

在我们的调查中，处于 2 阶的公司最为常见。处于 2 阶的公司的确会对在预测方面表现突出的员工进行奖励，但是只限于预测部门的员工。如第 6 章中所述，公司可以针对员工达到某一产品或者某一客户提前设定的准确性目标进行奖励，也可以针对他们每一段时间逐渐的进步进行奖励。尽管处于 2 阶的公司已经明显比处于 1 阶的公司强很多，但是依然存在问题。由于预测员高度依赖销售部门、市场部门、品牌管理部门以及高管提供的预测信息，所以如果公司不激励这些员工提供准确无偏见的预测信息，那么预测员就无法获得达成最佳预测结果的信息。处于3阶的公司通过激励全公司参与预测流程的员工来克服这一问题。处于3阶的公司中，销售部门、市场部门、品牌管理部门，甚至是高管的绩效计划中，都有与达成预测准确性目标相关的绩效因素。

在这方面达到4阶的公司，关注的方面已经超过了过程指标，并尽力影响结果指标。处于4阶的公司会在全公司范围内设立跨部门指标以及奖励。例如，有一家在我们调研数据库中的公司，不仅考核销售人员的预测准确性，还考核成品库存水平。这样的考核范围使得销售团队明白预测准确性对公司重要指标的重要程度。执行这样的奖励策略降低了销售团队高报预测数据的可能性。这就是"有奖励才有动力"。

## 总结：公司如何精进绩效评估

优质预测的最后一方面很简单但是也很重要。我提出了两种指导绩效评估流程精进的观点。

（1）绩效评估。

（2）绩效奖励。

看起来很简单，但就算这么简单，有些公司还是不会这样做。从我们与多家公司合作的经验来看，对预测员进行评估和奖励还是很容易的。但是，很少有公司能够达到3阶，也就是把销售部门、市场部门、品牌管理部门的员工以及高管包含到评估和奖励流程中。绩效评估描述了公司使用工具来衡量预测流程的程度,这些预测流程最终会对公司文化造成影响。回想一下,文化占了优质预测和供需关系集成的60%,而绩效评估和奖励应该是改变这种文化最有力的工具。

## 小结

本章的内容无法在短短的一个小结中清晰地总结出来。在总结部分,我不会将上述优质预测所包含的重点内容再陈述一遍,而是基于我们团队几年前发表的一篇文章进行总结,这篇文章叫作《提升预测的7个要诀》[8]。写完这篇文章后,我们对最佳预测的构成有了更深入的理解,这篇文章的确为优质预测提供了很多有用的建议,也为本章提供了很好的总结方式。提升预测的7个要诀如下。

(1)理解预测是什么、不是什么。预测是一种管理过程,不是软件程序。预测是对未来需求的最佳猜测,不是计划或者目标。

(2)理解预测需求以及规划供应。需求预测流程应该试着预测未来的需求,或者说预测客户在允许的情况会从我们这里购买什么。很多公司都将他们的预测限于对未来销售的测算,但是为了驱动供应链以及公司整体业务,预测的战略角度应该是对真实需求进行预测。

(3)学会沟通、配合、协作。重要的需求预测信息有很多来源:历史数据、经验人士甚至是客户的判断。建立一种建议和信息可以自由分享的文化和过程,对顶级预测来说非常关键。

(4)消除"群岛性分析"现象。Excel一直是最受欢迎的需求预测软件,但是 Excel 并不适用于做预测。在很多公司中,"电子表格热"阻碍了跨部门、跨事业部以及整体的供需关系集成进程。尽管工具在优质供需关系集成中只占 10% 的部分,但是这也是十分关键的 10%,所以选择恰当的预测工具很关键。

(5)明智地使用预测法。需求预测员有很多可以选择的预测法,第 3 章和第 4 章都是在讨论这些预测法。预测法包括定量预测法(时间序列法、回归分析)和定性预测法(管理人员群体意见法、德尔菲法、销售人员意见汇集法)。要明智地使用这些预测法,发挥它们最大的价值。

(6)认真对待。想要让预测和需求规划有效,员工就必须认真对待。必须保证人力和财务方面的资源充足。一家公司如果只有 3 个需求预测员,每个月却需要预测 4 万个单品,或者一家公司不对保证预测工作顺畅进行的系统基础建设进行投资,或者一家公司不对预测流程的每个参与者都建立奖励机制,那么这家公司就是不重视需求预测。

(7)评估,评估,评估。"有评估才有奖励,有奖励才有动力。"预测流程中的很多问题只有在对预测绩效进行评估时才可以解决。预测是一种管理过程,而且跟其他管理过程一样,如果没有评估,就无法进行有效管理。

以上总结了我们对最佳需求预测的讨论内容。为了使本书内容更完整,第 8 章会回到本书开始的部分,也就是第 1 章中详细讨论的"供需关系集成"。在第 8 章,我们会讨论如何通过有效地管理需求评估,将第 2~7 章中讨论的预测内容更好地融合到一起。

## 参考文献

[1] Mentzer, John T. and James E. Cox, Jr. (1984). Familiarity, Application and Performance of Sales Forecasting Fechniques, *Journal of Forecasfing*, 3,27−36.

[2] Mentzer, John T. and Kenneth B. Kahn(1995), Forecasting Technique Familiarity, Satisfaction, Usage and Application, *Journal of Forecasting*, 14(No.5),465−476.

[3] Mentzer, John T., Carol C. Bienstock, and Kenneth B. Kahn (1999), Benchmarking Sales Forecasting Management. *Business Horizons*, (May−June),48−56.

[4] Moon, Mark A., John T. Mentzer, and Carlo D. Smith(2003), Conducting a Sales Forecasting Audit, *International Journal of Forecasting*, 19(No.1), 5−25.

[5] Mentzer, John T., Mark A. Moon, John L. Kent, and Carlo D. Smith(1997), The Need for a Forecasting Champion, *Journal of Business Forecasting*, 16(Fall), 3−8.

[6] Mentzer, John T. and Kenneth B. Kahn(1995). Forecasting Technique Familiarity, Satisfaction, Usage and Application. *Journal of Forecasting*, 14(No.5), 465−476.

[7] Mentzer, John T. and Mark A. Moon(2004), *Sales Forecasting Management: A Demand Management Approach*, Thousand Oaks, CA:

Sage Publications.

[8] Moon, Mark A., John T. Mentzer, Carlo D. Smith and Michael S. Garver(1998), Seven Keys to Better Forecasting, *Business Horizons*, (September−Dctober), 44−52.

# 08

## 回到供需关系集成：管理需求评估

第 1 章集中在供需关系集成的"超级过程"中。第 2～7 章对需求预测这一子过程进行了探究，需求预测与供应规划、库存规划以及财务规划等子过程构成了供需关系集成这一超级过程。本章作为总结章，再次将话题转回供需关系集成上，但是讨论的中心点在于需求评估。我们可以将需求预测流程看作是需求评估会议做的长达一个月的准备。截至本章，本书所有讨论过的步骤，从定量预测到定性预测，到绩效评估，都是为了进行需求评估必须具备的基础功能或者特定的一些子过程。本章呈现了达成需求评估的经典流程，以及实践中举行需求评估会议最有效的方式。另外本章还特别强调了"差距分析"，这一步使得供需关系集成从供应链规划中战术性的一步转变成公司整体商业规划流程中一个战略性的因素。

## 需求预测流程

图 8-1 对需求预测流程进行了解释，整个流程由 3 个独立的阶段构成。阶段 1 应该是最耗时费力的，这个阶段输出的是初版预测结果，由之前章节中讨论过的各种子过程合并产出。在阶段 2 中，预测员会对初版预测结果与公司整体目标之间的差距进行确认，并为需求评估会议准备一系列消除差距的策略。阶段 3 是实际需求评估会议。下面的章节描述了有效完成预测流程的各步骤。

### 阶段1：准备初版需求预测

整个过程通常起始于图8-1中标注的"基础统计预测"。我们在第3章中讨论过，在一些十分罕见的情况下，没有必要对历史需求模式进行分析。除了这些情况，公司需要历史需求数据来进行基础统计预测。我在本书已经多次强调，进行需求预测，使用历史需求作为数据来源是非常重要的。如第7章所述，顶级的公司使用3种单独的信息来源来构成他们的历史需求：发货量、缺货订单的调整以及未认可需求的调整，或者说跑单量。通常来说，建立这种程度的历史需求数据不仅需要系统功能方面持续增强，同时也需要直面客户的员工发生行为上的改变。公司必须对销售和客户服务部员工进行培训和激励，保证他们在产品或者服务无法在规定时间或者地点满足客户时，对这些情况进行记录。同时，要给这些部门的员工开放访问历史需求数据的权限，这样他们才能够记录跑单的情况。上述所有数据（发货量、缺货订单的调整以及跑单量）都应该在公司的数据仓库中进行专业的储存和维护。可以参照图2-2和图7-1来回顾支撑需求预测的系统基础建设。

访问历史需求数据之后，预测员可以运用第3章中介绍的"后视镜"法来探索历史需求中存在的模式，并将探索到的模式用于未来的预测中。但是，在运用这些历史模式之前，预测员要对这些统计模型进行评估以保证它们仍然具有重要价值。第6章讨论了利用绩效评估法作为诊断工具对各种统计模型的有效性进行评估，相关例子包括误差率图表可以呈现所采用的预测法中的缺陷，以及在最终确认定量预测结果之前，预测员应该参考前期预测指标以确认所采用的预测模型是否需要调整或者重新选择。

在建立了基础统计预测之后，预测员必须将各种来源的数据进行整合，以回答"未来与过去会有什么不同"这个问题。为了回答这个问题，需要使用多种输入信息，包括由上至下的预测结果，如第5章所述，这种预测结果是结合宏观市场信息建立的。根据第5章以及第7章中关于预测管理中"方法"的讨论，最有效的预测流程是将由上至下和由下至上两种预测角度结合。我们可以回顾一下，由上至下的预测角度是将整个行业的预测与公司在行业内所占份额的预测相结合。预测员需要收集宏观的信息来建立这种由上至下的预测角度。从表5-1（微观市场信息和宏观市场信息）中可以看出市场信息如何提供由上至下的预测信息。如第5章所述，预测员一向难以在需求预测流程中加入宏观市场信息，但是，在图8-1展示的预测流程中加入这一步骤，可以提示预测员定期查看宏观市场信息，并使用这些信息对预测的关键假设进行持续地记录与分析。

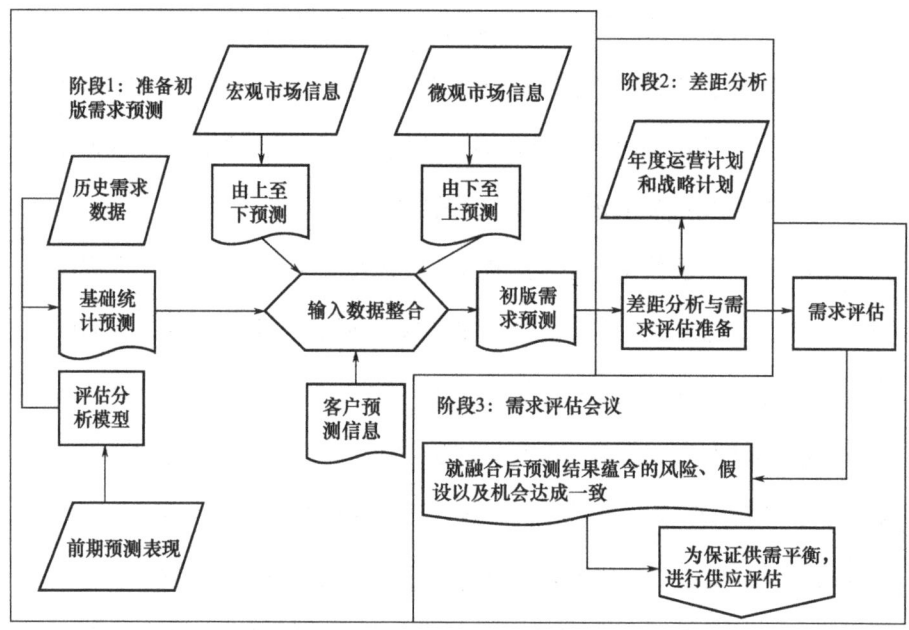

图8-1　需求预测流程

在"输入数据整合"步骤中还有一条必须包括的输入信息就是由下至上的预测信息。第 4 章中描述了定性判断的重要性。在制造型公司中,定性判断一般来自销售、市场以及产品管理部门;在零售公司中,定性判断一般来自销售规划部门。定性判断信息构成了第 5 章讨论的微观市场信息的主要组成部分。销售人员提供的有关客户的信息,市场或者品牌管理部门人员提供的宣传活动信息,或者销售规划部门提供的信息,对建立由下至上的预测非常重要。预测员在数据整合这一步骤中必须包含的最后一个数据是客户反馈的预测信息,第 5 章对这一信息也进行了讨论,讲解了如何选择提供预测信息的客户,以及使用客户提供的预测信息时需要注意的风险和机会。尽管如此,在多数情况下,客户直接提供的建议还是非常实用的。综上所述,图 8-1 中"输入数据整合"包含的数据有基础统计预测、宏观市场信息产出的由上至下预测、微观市场信息产出的由下至上预测以及客户提供的预测信息。

流程进行到这一步,合格的预测员和优秀的预测员之间的差距就显现出来了。合格的预测员能够把所有的信息整合到一起,然后编制到一个数据库或者电子表格中。优秀的预测员能够根据预测建立的角度——统计预测、使用宏观市场信息建立的由上至下预测、使用微观市场信息建立的由下至上预测、客户反馈的预测来采集数据,并对数据的偏差进行解读,理解背后涉及的人为因素,评估数据的质量,运用自身的经验与判断,建立可用于下一阶段——差距分析的初版需求预测数据。

## 阶段 2:差距分析

图 8-1 中阶段 1 的目的就是建立最好、最准确、最可靠的需求预测

## 供应链与需求管理：
### 精准预测需求与高效匹配供需

数据，这一数据应该是对该公司提供的产品和服务在市场中需求的公允评估。想要做到这一点需要很多人付出很多努力，但整个预测工作到这里并没有结束，因为如第1章所述，测算出的最好、最准确、最可靠的预测数据可能无法让公司完成目标。如果这是预测流程输出的结果，那么需求预测员就要负责定位这中间的差距，并准备好消除差距的方案。下文会讨论差距的概念，并试着阐述差距的起因以及消除差距的方案。

第1章中讨论了预测和目标的区别。回想一下，预测是基于一系列假设，对未来实际会发生事情的最佳猜测，而目标是公司希望发生的结果。目标可以有很多种表达方式，一家公司可以有市场份额目标、利润目标、库存目标、现金流目标、收益目标等各种目标。每个公司都有一些首要目标，一般来说都是财务目标，以年度或者季度的时间单位来表达，通常被称为年度运营计划（尽管其本质是目标而不是计划）。这种"主目标"通常是所有其他目标的基础。比较常见的情况是预测（我们认为未来会发生的）比目标（我们希望未来发生的）少，所以我们对业务进行计划以使得目标能够实现。

无法达成年度运营计划中列出的目标会出现什么后果呢？有两个主要的后果，分别是财务方面的和运营方面的。财务方面的后果影响的是公开交易公司，投资者会根据自己的经验判断这家公司的预期表现，然后进行估值。所以无论公司如何向投资者呈现他们的期望值，只要实际表现没有达到他们所说的目标，投资者就会不满，公司股票价格可能就会下跌。运营方面的后果是从计划角度来说的，公司必须保证可供应的商品和服务充足，以达成年度运营计划。所以，如果市场实际需求无法达成年度运营计划中列出的收益，就会产生无用产能。原材料和半成品可能面临积压问题，工人可能面临着下岗或者长期停工，为了扩张产能，投入的固定成本可能面临着浪费。换句话说，就是从各种维度来说，公司无法达成年度运营计划目标都不是一件好事。

但如第1章所述，不幸的是，供需关系集成中最难以发现的一个偏差就是计划驱动预测。当预测数据比年度运营计划低时，公司会直接把预测数据抬高到与年度运营计划同等的位置，并麻痹自己说没有关系。而这点可能在暗中产生危害，因为它把预测流程中所有的可信性都消除了。预测结果的"客户"——采购规划员、生产规划员、库存规划员、运输规划员、财务规划员等，都会逐渐无视预测数据，因为他们不相信这些数据是基于市场的真实需求得出的。这就是差距分析这一阶段十分重要的原因。如果没有规定的差距分析流程，公司不仅要承担无法达成目标的后果，还要承担消除整个预测流程可靠性的风险。

有效的差距分析包括3个步骤。第一步是检验年度运营计划背后的假设。尽管有时年度运营计划可能就是由"我们明年的计划是全部指标提升10%"这样一句话决定的，但是预测员还是在制定公司目标时进行了更复杂的分析，这样他们可以分析制定这些目标的假设。一般来说，制定年度运营计划的假设包括以下4点。

（1）业务大环境。宏观经济假设包括经济发展、失业率、利率等与所规划业务相关的指标。

（2）市场份额。公司制定整体业务指标时，需要对自己在不同市场中占有的份额进行假设。一般关于业务环境的假设会包含整体行业的销售预测，但是当公司要规划长期需求时，就需要对市场份额进行假设。

（3）行业增长。公司所在的行业本身扩张或者紧缩的程度或者方向可能与业务大环境有所不同，因此，在进行业务规划时，一定要对行业的整体增长进行假设。

（4）竞争性活动。对于竞争性活动的假设是上文中提到的市场份额假设的基础。如果一家公司或者其竞争对手都没有采取任何与之前不同的竞争性活动，那么这家公司的市场份额可能会保持不变。但是在大多数情况下，双方都不会保持静止的状态。

每一家公司和每一行业年度运营计划的制定都有各自的一系列假设。这些假设条件记录得越全面，需求预测员在做差距分析时就越容易。如果预测结果与年度运营计划中包含的需求量不一致，那么只有两个可能原因：一是这家公司的表现没有达到预期，二是年度运营计划所基于的假设条件实际上并没有发生。探明差距背后的根本原因非常关键。如果是行业内的假设条件没有如预期一样，那么至少在短期来说，公司自身能做的很少。但是，如果是由公司表现产生的差距，那么就需要考虑采取一些消除差距的策略。

差距分析的第二步是记录差距的量级和水平。预测数据和年度运营计划之间可能存在着多种差距，理解这些差距可以帮助需求预测员选择消除差距的策略。差距种类包括以下4个。

（1）时间差距。在一些情况中，需求可以有形化，但是需求的时间可能与年度运营计划中预期的时间不同。例如，年度运营计划的假设中可能包括新品发布的递增需求。但是，新品发布因为各种原因推迟，并不是少见的现象。在这样的情况下，需求量的假设可能依然是对的，但是由于发布推迟，预测和年度运营计划可能会不一致。还有一个时间差距的问题可能会在项目型业务中出现。同样，需求假设的量级可能依然是对的，但是签订这一大型项目合同的客户可能会在实施的过程中遇到一些问题导致项目延后，进而影响他们实际购买的时间。这种情况可能会在需求预测中有所体现。无论是上述哪种情况，需求预测员都不需要采取任何消除差距的策略，只要简单地通知一下公司其他部门有关时间变动的情况就可以了。

（2）量级差距。在一些情况中，预测的整体量级可能与年度运营计划比较贴近，但是其中单品，甚至是品牌的混合比例可能是不确定的。这种不确定性对收益和利润都会造成十分重大的影响。如第2章所述，当公司进行单品预测时，因为较低预测维度需求变动性通常很大，所以单品预测结果难免错误会比较多。

（3）地区差距。有一种很常见的情况，就是公司某一地区的需求可能与预期相同，有的地区可能不同。例如，一家公司在德国建立的需求预测可能与年度运营计划相同，但在同一段时间内，某些国家的需求可能会由于这些国家持续性的经济萎靡而远低于预期。在这样的情况下，有一些消除差距的策略可能会对需求预测员非常有帮助，如提高经济状况较好区域的需求预测。

（4）客户差距。正如上文所述，可能会存在有的区域达到计划目标，有的区域没达到，同样，客户也会存在这样的情况。有的客户购买的数量可能会达到预期数量，有的客户购买的数量可能会比预期少得多。公司可以通过提高一些客户的需求量来调整差距，因为会有其他客户的需求偏低。

总而言之，理解年度运营计划和预测需求之间差距的来源十分关键。如果对此没有充分理解，那么任何消除差距的策略都可能被误用或者无效。

差距分析的最后一步是为需求评估会议做准备，预测员需要准备一系列可替代的差距消除策略以呈现在需求评估会议上。这一步的一个重要因素是专注于需求。换言之，就是截至这一步，已经确认的差距应该是客户在允许的情况下能从我们这里购买的数量（这是我们对需求下的定义）与我们年度运营计划的差距。在需求评估会议上有关差距消除策略的讨论中，不应该涉及任何有关供应的讨论。在这一步，应该关注的问题是，公司如何通过影响客户，使其需求与公司整体目标联动。为了回答这个问题，我跳回第1章的讨论。当需求低于公司预期时，可以拉动的"杠杆"有很多。以下3种杠杆是能在短期见效的。

（1）促销活动。对于很多公司来说，促销活动可以快速促进需求量增长。在快消公司中，贸易促销和客户促销都能够对需求造成巨大的影响，但都是短期的效果。在面向客户的公司中，促销活动指的可能是激励销售人员去提高某些客户或者某些渠道对某种产品的需求。需求方的管理者应该时刻记住一点，这些促销活动带来的需求骤升往往伴随着供应链的大幅度损坏，忽高忽低的需求带来的成本是很高的。

（2）价格调整。由于大多数需求曲线是向下倾斜的（至少我回想多年前的经济学课程是这样的），公司可以通过降低价格来刺激需求，通过提高价格来限制需求。当然，需求的变动数量由客户的需求价格弹性决定。而且，公司还必须考虑价格能够带来的所有战略性影响，尤其是品牌形象问题。例如，我不觉得像劳力士（Rolex）这样公司的管理者，会同意为了消除预测需求和年度运营计划之间的差距而降价。因为这样的行为会对品牌形象造成负面影响，可能还会降低客户对产品的价格期。

（3）新产品上市时机。在一些情况下，可以提前或者延后新产品上市的时间来建立差距消除策略。例如，如果一个要被新产品替代的"旧"产品需求量下滑的速度远超预期，而且新产品完成的速度也快于预期，那么改变新产品推出的时间也许可以消除差距。

当然,这些短期的差距消除策略可能会出现"拆东墙补西墙"的后果。如果新产品早于预期时间上市,那么新产品的需求就会提前一个阶段产生,但是整体的需求水平可能不会变。如果通过降价快速提升需求量,那么意味着不管是业务客户还是客户都会"囤货",在未来的一段时间内就不会再有购买行为。能够将需求提升到年度运营计划的目标水平的长期策略包括开拓新市场。引入新品牌可能会带来未开拓的市场,或者采用全新的营销混合战略以复苏成熟或衰退的市场。

总而言之,需求预测员在准备需求评估会议时,首先要准备初版预测结果(图8-1中的阶段1),确定预测需求和年度运营计划中目标水平的差距,并确定可以在需求评估会议上讨论的差距消除策略(阶段2)。

### 阶段3:需求评估会议

正如本章开头所述,你可以把整个需求预测流程看作是需求评估会议做准备的过程。从整个供需关系集成超级过程的图中看,需求评估通常是第一个主要步骤。正是在这一步中,内部需求方(制造型公司中是销售和市场部门,零售型公司中是销售规划部门)将他们预测的自己在未来一段时间内能够达成的需求量传达给内部供应方。在最佳的情况下,需求评估会议可以被看作商务团队就所呈现的预测需求对公司做出的严肃承诺。这一需求预测结果可以驱动供应团队各部门(运输部门、生产部门、采购部门等)完成自己的规划,这些规划要用来满足商务团队承诺的需求量级。这一预测结果还能够驱动财务团队去申请支撑这些需求量级的资金,并向公司所有者,无论是股东还是完全所有者,汇报预期的财务成果。这就是为什么需求评估对于本书中描述的所有工作来说都是十分必要的原因。

需求评估会议的议程安排应该包含一系列项目，其中一项就是对之前月份预测表现和假设的评估。但此项只可作为会议的第一步，而不是会议的重点。我在供需关系集成中观察到的一个典型的问题，就是这些会议都过分地关注"我们上个月做得怎么样"这个问题，而不是关注"考虑到未来的需求，我们现在应该制定什么样的决策"这类问题。尽管这样，对于过去表现的复盘，以及评估之前月份所记录的假设条件的状态，依然是需求评估会议一个很好的开头。

还有一项议程就是通过例外情况来评估初版预测结果。回想一下本章前半部分的讨论，有一部分阐述了初版预测结果是多种输入信息的融合，这些输入信息包括：统计预测、使用微观市场信息建立的由下至上预测、使用宏观市场信息建立的由上至下预测，可能还包括客户反馈的预测。大多数公司由于预测量级不同，每个月会有成千上万的初版预测结果。显然，需求预测员不可能对每一个初版预测结果都进行评估，也不可能都在需求评估会议上呈现。针对这种复杂情况，可以采取两种策略。第一种是建立例外机制，该机制用于决策是否在需求评估会议上讨论某一预测结果以及如何讨论。表 8-1 就是一系列例外规则的例子，表格中假设公司中存在一种"ABC"的分类机制，最重要的产品归为 A 类，一般重要的产品归为 B 类，不重要的产品归为 C 类。

表 8-1　需求评估中例外规则案例

| 产品分类 | 在需求评估会议上讨论的条件 |
| --- | --- |
| A（前 10% 量级或者收益的产品） | 所有 A 类产品都要在需求评估会议上讨论 |
| B（中间 70% 量级或者收益的产品） | 当前 3 个月的预测偏差（平均绝对误差百分比）超过之前设定的门槛时，例如 30%，则对 B 类产品进行讨论 |

续表

| 产品分类 | 在需求评估会议上讨论的条件 |
|---|---|
| C（后 20% 量级或者收益的产品） | 当前 3 个月的预测偏差（平均绝对误差百分比）超过之前设定的门槛时，例如 50%，则对 C 类产品进行讨论 |

表 8-1 中的平均绝对误差百分比数值大小就是对 B 类产品和 C 类产品区别的阐述，每一家公司实际设定的门槛应该高度符合各自公司的情况，重点是要制定决策规则来决定讨论哪些预测结果。

管理这种复杂情况的第二个策略是不要在单品的维度上做出与预测相关的决策，而是要上升到预测机制中的聚合层面。回顾第 3 章，该章讨论了单品维度由于变动性很大，所以经常出现问题。我在第 3 章中提出了一个观点——很多公司会在产品族维度进行预测，就是因为在这种更高的聚合层面上可以识别出的需求模式，在低层次面中识别不出。当公司采用这种方法的时候，他们都是在产品族维度上，通过建立例外规则来管理成千上万个单品的复杂情况，并不是在单品维度上。这样一来，所有 A 类产品族都要在会议上进行讨论，B 类和 C 类产品族只有在超过事先设定的预测准确性门槛时才会予以讨论。

你可以在门泽尔和施勒特的文章中找到有关上述策略的例子[1]。他们当时合作的公司是美国 BPI 公司，这家公司是一家汽车售后领域的刹车系统配件制造公司。这家公司预测团队面临的难题是每个月有超过 60 万件分区域预测的单品。显然，公司需要对这种情况进行管理调整，因为没有预测团队能分析 60 万个预测结果，也没有哪场需求评估会议可以讨论 60 万个预测结果并达成共识。所以他们采用的解决方法是使用技术，依靠统计预测系统来处理如此巨大的工作量，并使用例外规则来确定需要人为干预并进行讨论的特定产品。他们还在产品族维度进行管理需求评估，而且也是使用例外规则来决定在会议上讨论何种产品。他们的目标是建立一个能够对这些产品进行有效预测的系统，而且每个月预测的60万件产品中，最多只有1,000件产品需要进行人为检验或讨论。

需求评估会议的下一个议程是讨论产品组合与产品评估阶段的重要结果，重点关注近期计划推出的高影响力产品，以及任何重要的单品减产及其减产对其他产品需求的影响。完成以上讨论之后，需求预测团队应该准备好呈现差距分析结果，详细阐述预期的差距，分析差距产生的原因，给出消除差距的方案，所有有决策能力的参与者都应该一起讨论。在这里我们回到在第1章中提到的一个观点：内部需求方能够做决策的关键人员应该参加需求评估会议，包括产品或者品牌管理部、市场部、销售部、客户服务部以及关键账户管理部人员。因为要针对消除差距的策略进行讨论，所以"能够做决策"的人员必须出席需求评估会议。即使在之前的供应评估阶段达到了供需平衡，需求评估阶段也要就调整哪支需求"杠杆"以达到供需平衡进行决策。如第7章中对于最佳实践的讨论，处于2阶的公司可能有正式的供需关系集成过程，但是他们能够做出决策的人员经常不出席关键会议。一旦能够决策的人员没有出席，需求评估会议就又退回到讨论"我们上个月为什么没有达成目标"的状态了。处于3阶和4阶的公司，也就是做得较好的公司中，其关键人物会出席所有重要会议，这样在会议上既可以做决策，又可以跟所有相关方进行讨论。

在讨论了差距消除策略以及制定决策之后，参与会议的人员就意见进行统一发言也十分重要。本书多处陈述了供需关系集成最好的文化就是统一精神，例如在需求评估会议上做出意见统一的陈述，就保证了所有参与方"认可"达成的决策。我参加过一些正式的需求评估会议,这些会议大家知道"协议"是在会议结束时产生的,会议主席会指向在座的每一个人,让他们做出口头陈述,表明在座所有人支持的结果是讨论达成的结果,在座所有人也支持本场会议达成的差距消除决策。有时候,参加会议的人员不愿意发表这种支持性声明,大家就会进一步进行讨论。在会议结束时,所有与会的重要人员都会对这场会议达成的决策表示支持。

这种需求评估会议的输出成果,就是达成一致的需求预测结果,以及普遍认可的差距消除策略。但是,这并不够。需求评估会议还有另一个重要的输出成果,就是对预测结果背后的假设以及对预测相关的任何风险和机遇进行清晰陈述。第5章对这些假设进行了细节化陈述,并阐述了这些内部、外部的假设条件是以市场信息的收集和解读为基础完成的。

## 小结

现在我们来到最后一部分。在需求评估会议上达成一致的预测结果之后,公司要将这一预测结果传达给供需关系集成过程中参与其他环节的部门。首先这个结果要传达给供应评估会议,在此会议上,内部供应方会将这个需求预测结果与他们的产能预测结果相匹配,将总预测需求量与总预测供应量进行平衡,并确定出需要公司更高层级解决的问题。之后,这一需求预测结果会传达到对账评估会议,此会议主要是公司的财务部门主导,财务部将之前阶段的会议产出结果金额化,并解决一切可能的问题。最后,这一预测结果会传达到供需关系集成管理层会议上,在这一会议上,公司的领导团队要确保之前会议中通过的预测需求相关的一切计划与公司的战略目标和方向一致。之后,将整个流程再走一遍。

在此总结的部分,我还是要加上一些总结性的评论,这些都是我在本书的其他部分已经做过的陈述,但是考虑其重要性,我还要在总结章再陈述一遍。以下这些陈述的排序随机,无优先级差别。

(1)由于预测是对未来的猜测,所以预测永远都是错误的。难的是怎样让错误的程度达到最小。

(2)没有人会因为一家公司擅长预测就购买他们的产品。只有当预测可以帮助公司做出优质决策,进而达到服务客户、增加收益以及降低成本的效果时,预测才是重要的、能够引起关注的,或者说是值得投入的。

(3)定量预测是优质的需求预测流程中十分必要的一步,但是只有这一步是不够的。要记住,如果只看后视镜,很可能会发生车祸。

(4)销售和市场部门,或者销售规划部门,必须参与预测流程。

(5)高管必须认可供需关系集成是公司运行的一种方式,并将钱花在真正需要的地方。如果没有高管的支持,供需关系集成在财务和员工情绪方面,都举步维艰。

(6)对于供需关系集成和需求预测来说,公司文化比任何流程图或者技术手段都重要。

以上就是本书的总结。望诸位预测准确,生意兴隆。

# 参考文献

[1] Mentzer, John T. and Jon Schroeter (1993), Multiple Forecasting System at Brake Parts, Inc, *Journal of Business Forecasting*, (Fall), 5-9.

# 致谢

谨以此文感谢为本书做出重要贡献的参与者们,他们分别是我的同事们、我得以学习到预测和供需关系集成的公司,以及其他在本书的创作过程中扮演着重要角色的参与者们。

首先要感谢的是我的同事们。其中一位我必须要感谢的就是汤姆·门泽尔,如果没有他,这一切都是子虚乌有。他不仅教会了我预测方面的理论知识,还带我走进公司进行调研。田纳西大学的很多人现在仍然因他2010年的不幸过世而悲痛不已。毕竟从各种意义上来说,他的成就无可替代。他是我乐于交手的高尔夫球友中打得最烂的人之一,却也是我遇见的最宽宏大量的人。汤姆,我每天都很想你。

除了汤姆之外,其他院系的同事也参与了审计、咨询项目,以及管理层培训的过程。比如曾与我共事的泰德·斯坦克(Ted Stank)、丰达·沙欣(Funda Sahin)和肯·卡恩(Ken Kahn),都是非常优秀的同事。在这里值得一提的还有我的好朋友保罗·迪特曼(Paul Dittmann),我们曾经一起环游世界。保罗是一位非常有洞察力、工作十分努力投入的专家,我学到的所有库存管理以及大部分供应链管理的知识都来源于他。除了我的同事们之外,很多博士生也参与了项目咨询的整个过程,如果没有他们,我们的审计数据库无法囊括如此充足的公司数据。

我能随口叫出名字的包括卡洛·史密斯（Carlo Smith）、约翰·肯特（John Kent）、南希·尼克斯（Nancy Nix）、布莱恩·福盖特（Brian Fugate）、贝斯·戴维斯-斯拉梅克（Beth Davis-Sramek）、芭芭拉·马歇尔（Barbara Marshall）、安迪·阿提斯（Andy Artis）、马塞尔·佐丹（Marcel Zondag）、梅琳达·琼斯（Melinda Jones）、米歇尔·博比特（Michelle Bobbitt）、迈克尔·加弗（Michael Garver）、克里夫·德菲（Cliff DeFee）以及谢伊·斯考特（Shay Scott）。他们目前都已经分散在全世界不同专业的岗位上。在工作中，他们是很有趣的同事；一整天的工作访谈结束后，他们也是能一起喝杯小酒的很好的对象。在这里有3位让我印象非常深刻的女士，我一定要对她们表达一下特殊的感谢，我的天使们——唐娜·戴维斯（Donna Davis）、特蕾莎·麦卡锡-拜伦（Teresa McCarthy-Byrne）以及苏珊·高里西克（Susan Golicic）。她们以不同的组合方式与我一同参与了大概10场审计，她们在沃思堡离开了我，在南海滩的时候我们一起狂欢，她们一起在温斯顿-塞勒姆挑过衣服，甚至一起到都柏林找我，当然最终没能找到，这段故事我们暂且不提。这一切的一切都让我们4个成了亲密的朋友，并一同学习了很多关于预测和供需关系集成的内容。

另外，我还要感谢的就是那些配合我们工作的公司。在书中，我把42家参与审计调研的公司名称都列了出来，多亏它们的配合，这本书才能传达出更深刻的见解。除了这42家公司之外，还有许多公司都是田纳西大学销售预测管理论坛以及供应链战略与管理论坛的成员，多年来一直为我们提供深刻的见解和指导方向。在此我将对这些公司中一些非常优秀的同行进行简单介绍。

## 致谢

约翰·休森（John Hewson），就职于伊士曼化学公司（Eastman Chemical），是我们接触的第一位预测的拥护者。他在 21 世纪初突然不幸过世，这给伊士曼化学公司造成了重创。

肯·卡尔森（Ken Carison），就职于迪尔公司（Deere and Company），他教会了我们创造一种参与文化，并且从全局的眼光推进预测过程，是预测界的奇才。

德怀特·托马斯（Dwight Thomas），来自朗讯科技有限公司（Lucent Technologies）。多年来，德怀特一直领导着一支成员来自全世界的预测队伍，他教会了我们如何让一个世界级的销售组织完成一项艰巨的预测任务。

戴夫·波克林顿（Dave Pocklington），就职于安利公司（Amway）。他和他的团队让我们意识到了预测不仅有策略性的职能，还能在公司层面做决策的时候起到一定的作用。在过去的这些年里，安利是我所见过的预测做得最好的公司。戴夫和他安利公司的团队非常重视我们对预测领域的探究，所以在田纳西大学设置了奖学金，每年都会给一名对预测和需求规划领域很感兴趣的本科生嘉奖。

约翰·黑尔里格尔（John Hellriegel），就职于霍尼韦尔公司（Honeywell）。约翰帮助我整理并明确表达了对于预测优点的看法。我们为了给霍尼韦尔的员工们培训预测知识一起走遍了全世界，甚至一起在上海吃过大闸蟹。

还有很多同行都在我探索预测领域的道路上提供了帮助，在这里，我非常感谢他们的善意与慷慨。

最后，我还要对为本书做出特殊贡献的人们表示感谢。查德·奥

**供应链与需求管理：**
精准预测需求与高效匹配供需

特里（Chad Autry），是我在田纳西大学的同事，他帮我联系了本书的出版社。珍妮·格拉瑟·莱文（Jeanne Glasser Levine），是金融时报出版社的工作人员，在完成本书的过程中她一直鼓励我，帮助我把控时间进程，为本书的完成做出了无法衡量的贡献。我的儿子科林（Colin）和大卫（David），以及我的继女劳伦（Lauren），都给予了我无尽的鼓励。还有最重要的一位，就是我美丽的妻子卡罗尔（Carol），因为有她的爱和支持，我才能花费不知多少个小时，坐在计算机前，完成从一张白纸到一整本书这件我从来没想过自己能做到的事情，她才是最棒的。

马克·穆恩（Mark A. Moon）